C.H.BECK ◼ WISSEN
in der Beck'schen Reihe

Die Verfolgung von vermeintlichen Ketzern und Hexen, von ehemaligen Juden und Muslimen gilt als eines der dunkelsten Kapitel in der Geschichte des Christentums. Gerd Schwerhoff bietet einen umfassenden Überblick über die Inquisition von der Verfolgung der Katharer und Waldenser im Hochmittelalter über die berüchtigte Spanische Inquisition und das «Heilige Offizium» am Beginn der Neuzeit bis zu ihrem Niedergang im 18. Jahrhundert. Er beschreibt anschaulich, wie ein Inquisitionsprozeß ablief, und zeigt, daß die Inquisitoren nicht nur mit Folter und Scheiterhaufen gearbeitet haben, sondern sich vor allem auch subtiler, geradezu moderner Machttechniken bedienten. Nicht zuletzt geht das Buch der schwarzen Legende nach, die sich bis heute um die Inquisition rankt.

Gerd Schwerhoff, geb. 1957, ist Professor für Geschichte der Frühen Neuzeit an der Technischen Universität Dresden. Seine Forschungsschwerpunkte liegen im Bereich der Sozial-, Kultur- und Religionsgeschichte der Frühen Neuzeit.

Gerd Schwerhoff

DIE INQUISITION

Ketzerverfolgung in Mittelalter
und Neuzeit

Verlag C. H. Beck

Mit zwei Abbildungen und einer Karte

Originalausgabe
© Verlag C.H.Beck oHG, München 2004
Gesamtherstellung: Druckerei C.H.Beck, Nördlingen
Umschlagmotiv: Flammen auf einem spanischen Büßerhemd
aus dem Jahre 1512
Umschlagentwurf: Uwe Göbel, München
Printed in Germany
ISBN 3 406 50840 5

www.beck.de

Inhalt

I. Einleitung   7

II. Kirche und Ketzer bis zum 12. Jahrhundert   12

III. Die päpstliche Inquisition im Mittelalter   18
1. Vorgeschichte und Entstehung   18
2. Südfrankreich: Das Versuchslabor der Inquisition   26
3. Regionale Variationen   34
   Italien 35 – Frankreich 40 – Deutschland 42
4. Strukturen, Arbeitsweise, Grenzen   46
   Verfahrensnormen 48 – Inquisitionspraxis 51 – Urteile 54 – Grenzen der Macht 55 – Eine unabgeschlossene Geschichte 58

IV. Die Spanische Inquisition der Neuzeit   59
1. Entstehung und Entwicklung   59
   Neue Inquisition, neue Zielgruppe 60 – Judenvertreibung und Converso-Problem 66 – Die Verfolgung der Moriscos 70 – Protestantenverfolgung und Bücherzensur 73 – Erneute Converso-Verfolgung 76 – Das Ende der Spanischen Inquisition 79
2. Organisation, Verfahren und Delikte   80
   Haupt und Glieder 81 – Verfahren 85 – Urteile und Autodafé 88 – Religiöse Disziplinierung der Altchristen 93

V. Die Römische Inquisition der Neuzeit   96
Voraussetzungen und Entstehung 96 – Der Römische Index 99 – Zentrum und Peripherie 101 – Struktur und Verfahren 104 – Zielgruppen und Konjunkturen 107 – Von der Inquisition zur Glaubenskongregation 108

VI. Inquisition und Hexenverfolgung 110

Ketzer und Hexen als Teufelsbündner 112 – Die Inquisition und
die Geburt der Hexe 114 – Zurückhaltung der neuzeitlichen Inquisitionen 117

VII. Mythos Inquisition 121

Die «Schwarze Legende» 123 – Aufklärung – Kunst – Historiographie 126

Literaturhinweise 128

Danksagung

*Bedanken möchte ich mich für logistische Hilfe bei Corinna von
Bredow und Jens Wehner, für kritische Lektüre bei Christian
Hochmuth, Kim Siebenhüner und Jörg Oberste, für lang zu-
rückliegenden wertvollen Rat bei Gabriela Signori sowie für
umfassende Unterstützung, insbesondere für klug dosierte
Grausamkeiten im Kürzungsprozeß, beim Lektor des Verlags
C. H. Beck, Ulrich Nolte.*

I. Einleitung

«Die Inquisition» – ein historischer Begriff, der die Phantasie anregt und starke Bilder hervorruft: fanatische und sadistische Ketzerverfolger, düstere Folterkeller, massenhafter Tod in den Flammen. Die Inquisition steht für die Schattenseiten abendländischer Geschichte schlechthin. «Zwischen den Scheiterhaufen der mittelalterlichen Inquisition und den Krematorien faschistischer Konzentrationslager» (Grigulevič) werden Verbindungen gezogen. «Folter im Namen Gottes» titelte das Nachrichtenmagazin «Der Spiegel» im Juni 1998 anläßlich der Öffnung des römischen Inquisitionsarchivs. Überschrift für den Artikel im Inneren des Heftes, der die Blutspur einer Einrichtung nachzeichnen wollte, die Millionen Menschen zu Tode gebracht habe: «Gottes willige Vollstrecker» – Goldhagen läßt grüßen. Wer sich auf das Wagnis einer Inquisitionsgeschichte einläßt, so zeigen die Beispiele, begibt sich in ein Spannungsfeld von empörter Verurteilung und bemühter Verteidigung. Sine ira et studio läßt sich Geschichte ohnehin kaum je schreiben, und die Geschichte der Inquisition erst recht nicht. Neuere Forschungen haben jedoch viele der gängigen Urteile über sie in Frage gestellt oder zumindest relativiert. Dieses Büchlein möchte einige dieser neuen Akzente skizzieren. Einige Grundlinien seien an den Anfang gestellt.

In ihrer Düsternis steht die Inquisition im kollektiven Gedächtnis für eine ganze «dunkle» Epoche: das Mittelalter. Demgegenüber bleibt festzuhalten: Die Inquisition wurde erst im 13. Jahrhundert etabliert und umfaßte also keineswegs das gesamte Mittelalter; sie kann sogar mit Fug und Recht als Modernisierungsphänomen innerhalb der Epoche interpretiert werden. Auf der anderen Seite reichte die Inquisition weit in die Neuzeit hinein, erst um 1800 läßt sich eine deutliche Zäsur feststellen. Sie überwölbt die herkömmliche Epochengrenze und deckt mithin ziemlich genau jene «alteuropäische» Phase okzidentaler Geschichte ab, in der sich die politische, religiöse und ökonomische Ordnung institutionell verfestigt. Eine langfristig angelegte Betrachtung läßt sowohl Unterschiede als auch Gemeinsamkeiten zwischen der mittelalterlichen und der neuzeitlichen Phase der Inquisition deutlich hervortreten. Während das mittelalterliche System päpstlicher Legaten zur Ketzerbekämpfung vom Anspruch her universell war, stellten die spanische und portugiesische, z. T. auch die römische Inquisition der Neuzeit eher staatliche Veranstaltungen dar und lassen sich eher als Behörden mit klarer Struktur und Hierarchien beschreiben. Das einigende Band zwischen den Epochen bestand vor allem im inquisitorischen Verfahren zur Bekämpfung von Häresien, wie es bereits Mitte des 13. Jahrhunderts entwickelt und mit Modifikationen bis zum 18. Jahrhundert angewandt wurde. Dieses Verfahren, das umfassende Geheimhaltungstechniken, zukunftsweisende Befragungstechniken auch jenseits der körperlichen Folter und den methodischen Einsatz der Schrift umfaßte, machte die angesprochene Modernität der Inquisition aus, wobei darin kein positives Werturteil eingeschlossen sein soll.

Ebenso wie diese Gemeinsamkeiten verdienen aber auch die mannigfachen regionalen Differenzen und die sehr wechselhaften Verfolgungskonjunkturen hervorgehoben zu werden. Die Inquisition war zu keiner Zeit ihrer Existenz eine allgegenwärtige und immer aktive Einrichtung, sondern oft nur ein Papiertiger. Es handelte sich – trotz aller zukunftsweisenden Elemente – nicht um eine totalitäre Machtmaschinerie, sondern um eine typisch vormoderne Einrichtung, die in ständigen Auseinandersetzungen mit konkurrierenden (weltlichen wie kirchlichen) Herrschafts- und Gerichtsinstanzen lag und die unter einem eklatanten Mangel an Vollzugsmacht litt. Erfolg konnte sie nur dann verbuchen, wenn sie erfolgreich mit anderen Mächten kooperierte und hinreichende Unterstützung aus der Bevölkerung erfuhr.

Dieses Charakteristikum macht wiederum andere Züge der Inquisition plausibel. Bis heute wird die Vermischung von religiöser Überzeugung mit politischen oder ökonomischen Interessen unter dem Stichwort «Instrumentalisierung der Religion»

Einleitung 9

als Negativposten der Inquisitionsgeschichte angeprangert. Aber auch diese Verklammerung beider Sphären ist typisch für die betrachtete Epoche. Wenn weltliche Herrscher die päpstliche Ketzerverfolgung zum Instrument ihrer eigenen Interessen machten, wie es im mittelalterlichen Frankreich im Fall der Templer ebenso geschah wie später bei Jeanne d'Arc, dann spiegelt sich hierin gleichsam der Normalfall einer Epoche, in der Politik und Religion noch nicht funktional geschieden waren. Und wenn die Inquisition sich zum Teil aus den konfiszierten Gütern ihrer Opfer finanzierte, dann ging sie hier den gleichen Weg, den viele andere Gerichte ebenfalls – wenngleich nicht derart konsequent – einschlugen.

Überhaupt wäre der Vergleich zwischen der Praxis inquisitorischer Ketzerverfolgung und derjenigen anderer weltlicher oder kirchlicher Gerichte lohnend, der hier leider nur gelegentlich eingebracht werden kann. Eine große Schnittmenge existiert schon im Hinblick auf das Verfahren. Denn der summarische Ketzerprozeß stellte nur eine Ausprägung jener Verfahrensform dar, die als «Inquisitionsprozeß» auch bei kontinentaleuropäischen weltlichen Kriminalgerichten üblich war. Kirchliche Inquisitoren behaupteten mithin keineswegs ein Monopol auf die Anwendung von Inquisitionsprozessen! Auch die Zuständigkeiten überschnitten sich: Einerseits griff die Inquisition weit über den Kernbereich der Häresie aus und ahndete Delikte wie Wucher, Magie, Hexerei, Gotteslästerung oder Sitten- und Sexualvergehen. Umgekehrt besaß sie fast nie und fast nirgends ein Monopol auf die Verfolgung von Ketzern. Bischöfliche, landesherrliche oder städtische Gerichte waren hier oft ebenfalls aktiv, und ihre Verfolgungspraxis war zum Teil wesentlich härter als diejenige der Inquisition. Konkurrenz gab es überdies nicht nur zwischen weltlicher und geistlicher Gerichtsbarkeit, sondern auch innerhalb der letzteren. Bischöfe und päpstliche Inquisitoren wetteiferten bisweilen um das Recht zur Ahndung von Häresien. Und auch die Antipoden der Inquisition kamen oft aus dem Klerus. Mit Bernard Délicieux entstammte der schärfste Kritiker der dominikanisch geführten Inquisition in Südfrankreich dem Franziskanerorden, dessen Mitglieder andernorts als Inquisitoren fungierten. *Die* Kirche existierte in Mittelalter und früher Neuzeit ebensowenig wie *die* Inquisition.

Die Verfolgung Andersgläubiger gehört schließlich nicht zu den exklusiven Charakteristika der Papstkirche. Der führende protestantische Theologe Philipp Melanchthon befürwortete 1536 die Todesstrafe für die Täufer – als angebliche Gotteslästerer, nicht als Ketzer. 1553 wurde auf Betreiben Jean Calvins der Gelehrte Michael Servetus (der im übrigen zunächst von der katholischen Inquisition im französischen Vienne festgenommen worden war) wegen seiner eigenwilligen Dreifaltigkeitstheologie hingerichtet. Und im elisabethanischen England wurden Hunderte von katholischen Geistlichen exekutiert; freilich lautete formal der Vorwurf gegen sie nicht auf Häresie, sondern auf Hochverrat. Die von Rom verketzerten Protestanten und Anglikaner bedienten sich mithin anderer Tatbestände als dem der Häresie. Und fast immer agierte hier die Staatsgewalt direkt. Nur in der Tradition der römischen Mehrheitskirche bildeten sich jene spezifischen Formen institutioneller Ketzerverfolgung aus, die hier unter dem Begriff Inquisition dargestellt werden sollen.

Die Darstellung kann auf dem soliden Fundament der Arbeit von Generationen von Historikern aufbauen. Seit gut einhundert Jahren hat sich die Inquisitionsgeschichtsschreibung langsam aus dem Sog konfessioneller Auseinandersetzungen gelöst, und in den letzten Jahrzehnten hat die Beschäftigung mit dem Stoff noch einmal an Intensität zugenommen. Insbesondere die Bearbeitung der enormen Aktenmassen über regionale Inquisitionsprozesse und -tribunale hat große Fortschritte gemacht. Diese Akten geben Auskunft über die Arbeit des inquisitorischen Repressionsapparates. Sie berichten aber auch vom Leben derjenigen, die von den Inquisitoren verfolgt wurden, und geben so gleichsam nebenher wichtige Einblicke in das Alltagsleben, in religiöse Mentalitäten und Handlungsmöglichkeiten einfacher Zeitgenossen – ein weiterer zentraler Aspekt, der im Rahmen dieser Skizze nicht entfaltet werden kann. Carlo Ginzburg hat vom «Inquisitor als Anthropologen» gesprochen, der gleichsam als Vorfahr des Ethnologen die Lebenswelt der einfachen Men-

Einleitung

schen erkundete. Der italienische Historiker wußte selbst, daß er mit seiner provozierenden Charakterisierung nur die halbe Wahrheit traf. Denn der Inquisitor beobachtete nicht nur, er handelte auch, indem er abweichendes religiöses Verhalten diagnostizierte und sanktionierte. Ebenso wie es heute Polizei und Justiz tun, konstruierte er damit ein Stück gesellschaftlicher Wirklichkeit, indem er Verhalten als abweichend etikettierte. Nicht selten neigte er dazu, sich diese Wirklichkeit nach seinen Vorannahmen und Verdachtsmomenten zurechtzubiegen, sie etwa mit Kategorien zu erschließen, die er aus der Lektüre der Kirchenväter kannte. Mittels seiner subtilen, bisweilen auch rabiaten Befragungstechniken gelang es ihm im Zweifel immer, sein Vorverständnis mit der Wirklichkeit zur Deckung zu bringen. Das Imaginarium der Inquisition konnte so fatale Wirkungen in der Lebenswelt hervorrufen wie im Fall der spanischen *Conversos*, die in ihrer Masse wohl erst durch die Aktionen der Inquisition und durch die Zwangstaufe verketzert wurden. Ganz fatal wurde es, wenn sich inquisitorische Verschwörungsängste in Phantasien über schwarze Messen luziferanischer Ketzer oder gar zauberischer Unholde entluden. So können Inquisitionsakten beides enthalten, ein lebhaftes und angemessenes Bild der Zeit und die Verzerrungen inquisitorischer Stereotype.

Nicht nur die zeitgenössischen Inquisitoren, auch die nachgeborenen Historiker haben ihr Imaginarium. Als «Mythenjäger» (Elias) haben sie die Pflicht, herkömmliche Bilder auf ihre Stichhaltigkeit zu untersuchen und, wenn notwendig, zu revidieren. Zudem haben sie die Entstehung und Wandlung von Mythen aufzuklären, denn diese Mythen selbst sind geschichtsmächtig. Auch dazu macht das vorliegende Buch einen Ansatz. Schließlich steht der Historiker in der Pflicht, zum Mythos Stellung zu nehmen und Urteile zu fällen. Das ist weniger einfach als es scheint. Manch wohlfeile Anklage gegen die Schrecken der Inquisition erscheint durch die neuere Forschung überholt. Umgekehrt birgt ein revisionistischer Ansatz die Gefahr einer Verharmlosung. Das ist ebensowenig die Absicht des Verfassers wie konfessionelle Apologetik. Auch die Revisionen der neueren Forschung machen klare Werturteile über das Wirken der

Inquisition nicht obsolet. Sie bleibt ein Beispiel für die fatalen Konsequenzen eines Apparates, der den wahren Glauben mit inhumanen Mitteln verteidigen wollte, eines Apparates, der vielleicht weniger aufgrund seiner vielbeschworenen Grausamkeit und des oft übertrieben gezeichneten Blutzolls, als vielmehr aufgrund der Entwicklung subtiler Machttechniken zukunftsweisend bis hinein in die Moderne wirkte.

II. Kirche und Ketzer bis zum 12. Jahrhundert

Als monotheistische Offenbarungsreligion besitzt das Christentum einen absoluten Wahrheits- und Exklusivitätsanspruch. Seine Vertreter verkünden die göttliche Wahrheit auf der Grundlage der heiligen Schriften des Alten und des Neuen Testamentes. Darin unterschied sich das Christentum von den meisten anderen Religionsgemeinschaften der Antike, denen der Gedanke an eine verbindliche und einzig wahre Lehre fremd anmutete. Die Christen aber provozierten religiöse Auseinandersetzungen sowohl nach außen, gegenüber anderen Glaubensrichtungen, als auch nach innen, gegenüber heterodoxen christlichen Strömungen. Erbitterte Streitigkeiten um christliche Rechtgläubigkeit muten heute fremdartig an, der Ruf nach Toleranz und friedlicher Koexistenz erscheint uns vernünftig und im Licht des Gebotes der Feindes- und Nächstenliebe sogar christlich. Die Mehrzahl der Christen in den letzten zwei Jahrtausenden (eingeschlossen diejenigen, die von der Mehrheit als Ketzer stigmatisiert wurden) konnten diese Perspektive nicht einnehmen. Die Frage des rechten Glaubens berührte die existentiellsten Angelegenheiten; auf der Suche nach dem allein selig machenden Weg zum ewigen Heil schienen Kompromisse kaum möglich.

In den ersten dreihundert Jahren nach der Zeitwende sahen sich die Christen zunächst selbst staatlicher Verfolgung ausgesetzt, u. a., weil sie den zur Loyalitätssicherung verpflichtend gemachten religiösen Kaiserkult nicht praktizieren wollten. Nach-

Kirche und Ketzer bis zum 12. Jahrhundert 13

dem Kaiser Konstantin (306–337) in der Schlacht an der Milvi-
schen Brücke unter dem Christusmonogramm seinen entscheidenden Sieg errungen hatte, erlangte das Christentum aber 313
mit dem Mailänder Toleranzedikt eine offizielle Duldung. In den
folgenden Jahrzehnten expandierte es von einer mäßig bedeut-
samen Sekte zu einer reichsumspannenden Großorganisation
und wurde 380 von Kaiser Theodosius I. (379–395) zur römischen Staatsreligion erhoben. Zugleich vollzog sich im Inneren
des Christentums ein allmählicher Klärungsprozeß, in dessen
Verlauf sich das christliche Dogma herausbildete und umgekehrt
abweichende Meinungen unterdrückt wurden. Dabei ging es
nach 311 z. B. um die Frage, ob die Gültigkeit eines Sakraments
vom Gnadenstand des Spenders abhängig sei (Donatistenstreit)
oder, noch grundsätzlicher, um verschiedene Auffassungen über
das Wesen Christi. Gegen die Anhänger des alexandrinischen
Presbyters Arius (gest. 336) fixierten die Konzilien von Nicaea
(325) und Konstantinopel (381) das in Zukunft gültige Trini-
tätsdogma. Trotzdem sollte der Arianismus bei vielen germani-
schen Nachfolgereichen des 5. und 6. Jahrhunderts vorherr-
schend bleiben; für die mittelalterlichen Theologen Westeuropas
wurde er zum Synonym für Glaubensabweichung schlechthin.
Andere Spielarten der Ketzerei entsprangen nicht innerchrist-
lichen Auseinandersetzungen, sondern eher einer Synthese von
außer- und vorchristlichen Elementen mit der neutestament-
lichen Botschaft. Einige frühchristliche Häresien übernahmen
aus der synkretistischen Glaubensströmung der Gnosis das Postulat eines Dualismus zwischen dem guten und dem bösen Prinzip, einem guten, reinen und einem bösen (Schöpfer-)Gott, zwischen der materiellen, fleischlichen Welt und dem immateriellen
Reich des Geistes. In dieser dualistischen Weltsicht wurzelte noch
die mittelalterliche Bewegung der Katharer, von denen sich seit
dem Beginn des 13. Jahrhunderts das Wort Ketzer ableiten sollte.
   Terminologisch faßte man die Abweichung vom rechten
Glauben jedoch klassisch mit dem stigmatisierenden Begriff
«Häresie» (von griechisch *hairesis*: Wahl, Neigung). Er beinhal-
tet eine Verfälschung der ursprünglichen reinen Lehrmeinung
durch die Heterodoxen. Häretiker, das waren in der Sicht der

orthodoxen Kirche Menschen, die sich in verwerflicher Selbst-überschätzung ihre eigene Variante des Christentums schufen, sei es durch teuflische Verführung, sei es aufgrund moralischer Defekte. Vor allem zeichnen sich Häretiker durch ihre Hart-näckigkeit aus: Aus einem einfachen Irrtum wurde Ketzerei, wenn die Betroffenen gegen die Belehrungen der Amtsträger an ihrer Meinung festhielten. Dabei sahen schon die frühen Chri-sten in den Häretikern eine Art notwendiges Übel, um die Zu-verlässigen unter den Christen zu erkennen (1 Kor 11,19).

Seit dem zweiten Jahrhundert sind Auseinandersetzungen mit häretischen Personen und Strömungen bekannt. Das Bemühen um die Festigung rechtgläubiger Positionen begann mit Apo-logeten wie Irenäus von Lyon und Tertullian und kulminierte in den Werken der Kirchenväter, insbesondere des Augustinus. Praktische Maßnahmen gegen enttarnte Ketzer beschränkten sich in den Anfängen auf die bestehende Kleingruppe: Die Rechtgläubigen sollten sich abwenden und die Betroffenen so sozial isolieren. Bei Verweigerung der Bekehrung sollten die Hä-retiker aus der Gemeinde ausgeschlossen werden. Man befolgte damit den Rat des Apostels Paulus, sich nach ein- oder zwei-maliger Warnung von Häretikern zurückzuziehen (Tit 3,10). Gleichzeitig sollte man sich und andere vor den Irrlehren schüt-zen und sich um die Rückgewinnung der Häretiker bemühen.

Spätestens als das Christentum Staatsreligion geworden war, erlangte das Häresie-Problem eine neue Dimension: Es wurde zur potentiellen Gefahr auch für den römischen Staat. Durch-aus in vorkonstantinischer Tradition sahen die nunmehr christ-lichen Herrscher in den Glaubensabweichlern eine Gefahr für die Einheit des Bekenntnisses in ihrem Herrschaftsbereich und einen Akt öffentlichen Aufruhrs, der als Majestätsverbrechen (*crimen laesae majestatis*) geahndet werden konnte. Das hatte Auswirkungen für das Verfahrensrecht wie für die Strafen. Beim Majestätsverbrechen wurde die Einhaltung vieler sonst streng vorgeschriebener Restriktionen nicht gefordert, indem hier etwa Unfreie oder schlecht Beleumundete als Zeugen auftreten konnten oder die Verteidigungsmöglichkeiten eingeschränkt wurden. Was die Strafen anging, so traten neben die Beschlag-

Kirche und Ketzer bis zum 12. Jahrhundert

nahmungen von Häusern und Kirchen, neben Versammlungsverbote, Verbannung, Bücherverbrennungen und Geldstrafen
nun vor allem die Güterkonfiskation, die teilweise auch für die
Erben galt, und natürlich auch die Todesstrafe. Bereits in die
vorchristliche, diokletianische Zeit datiert dabei die Androhung
des Feuertodes für die gnostische Strömung der Manichäer.

Neben dem weltlichen Herrscher kam vor allem dem Bischof
als Vorsteher der Ortskirche die Fürsorgepflicht für Rechtgläubigkeit aller Christen in seinem Sprengel zu. Wegweisend
für das Mittelalter sollten die Auffassungen des Kirchenvaters
Augustinus (354–430), seit 395 Bischof im nordafrikanischen
Hippo Regius, werden. Wenn auch die Geduld (*tolerantia*) nach
seiner Auffassung eine soziale und christliche Grundtugend darstellte, so fand diese Tugend doch im Umgang mit den Häretikern ihre Grenze. Aus dem biblischen Satz *compelle intrare*
(Lk 14,23 – «Zwinge sie, hineinzukommen», spricht der Herr
zu seinem Knecht, als zu seinem geladenen Gastmahl niemand
erscheinen will) machte er eine theologisch legitimierte Verfahrensweise gegen hartnäckige, bekehrungsunwillige Ketzer. In
Zwangsmaßnahmen sieht er das letzte Rettungsmittel gegenüber dem drohenden Verlust des Seelenheils der Betroffenen;
auch ein Arzt müsse schließlich seinem Patienten Schmerz zufügen. Die Todesstrafe jedoch lehnte er ab.

Aus dem Frühmittelalter hören wir wenig über die Auseinandersetzung zwischen Orthodoxie und Häresie. Offenbar blieben die inneren Herausforderungen begrenzt. Die Jahrhunderte
nach dem Fall Roms hatten die alten Häresien weitgehend zum
Verschwinden gebracht. Die Energien der Kirche waren jetzt
fast völlig durch die Heidenmission und den – oft mit rüder
Sprache und Gewalt geführten – Kampf gegen pagane Formen
des «Aberglaubens» gebunden. Dogmatische Streitfragen blieben auf die Welt der gelehrten Theologen, des Klerus und der
Klöster begrenzt und führten nicht zu häretischer Gemeinschaftsbildung. Das Auftauchen erster kleiner Ketzergruppen
am Beginn des 11. Jahrhunderts mag umgekehrt als Zeichen für
den vorläufigen Abschluß der christlichen Missionierung und
eine beginnende Internalisierung christlicher Lehren betrachtet

werden. Vermehrt wurden der Abstand zwischen Klerikern und Laien als kritikwürdig empfunden, ebenso das häufig wenig vorbildliche Verhalten der Geistlichkeit. Volksbewegungen allerdings erwuchsen daraus vorerst nicht. Die kirchlichen und weltlichen Gewalten hatten keine frische Anschauung von Ketzern und griffen bei ihrer Behandlung auf antike Vorbilder zurück. Dabei oszillierte das Vorgehen zwischen den beiden extremen Polen Überzeugung (*persuasio*) und Zwang (*coercio*). 1022 fand in Orléans die «erste offizielle Ketzerverbrennung Frankreichs, ja vielleicht Europas» (Fichtenau) statt. Mehrere hohe Geistliche wurden wegen Leugnung der Jungfrauengeburt Christi, der Passion und der Auferstehung sowie Ablehnung von Taufe und Eucharistie als Ketzer auf dem Scheiterhaufen verbrannt; entschieden hatte über ihr Schicksal eine Bischofssynode in Gegenwart König Roberts des Frommen.

Das Beispiel sollte langfristig Schule machen, kurzfristig repräsentierte es aber keineswegs einen common sense. Wenige Jahrzehnte später beantwortete Bischof Wazo von Lüttich (gest. 1048) eine Anfrage über die Behandlung manichäischer Häretiker mit dem Verweis auf das biblische Gleichnis vom Unkraut im Weizen. Dieses Unkraut hatte der Feind eines Gutsherren unter den guten Weizen gesät. Der Herr gab Anweisung, das Unkraut mit dem Weizen wachsen zu lassen bis zur Ernte, damit nicht mit dem Unkraut auch der Weizen herausgerissen werde. Die Ernte, so deutete Jesus selbst sein Gleichnis, sei das Jüngste Gericht, bei dem die Söhne des Bösen, das Unkraut also, ihrer gerechten Strafe zugeführt würden (Mt 13,24–30. 36–43). Deswegen plädierte Wazo für Geduld und Langmut mit den Häretikern. Bischöfe könnten nur mit geistlichen Sanktionen (z. B. Exkommunikation) gegen Ketzer vorgehen, ihre Aufgabe sei es, Leben zu bringen und nicht den Tod.

Die Ambivalenz zwischen Überzeugung und Zwang mußte vorläufig nicht ausgetragen werden. In der zweiten Hälfte des 11. Jahrhunderts hören wir kaum mehr von ketzerischen Gruppen. Die gregorianische Reformbewegung hatte viele umstrittene Praktiken zu beseitigen versucht, etwa die Ämterkäuflichkeit (Simonie, auch sie als Häresie bezeichnet!) und die Prie-

Kirche und Ketzer bis zum 12. Jahrhundert

sterehe, und den Ketzern damit den Wind aus den Segeln genommen. Der Investiturstreit und die orthodoxe Reformbewegung beschäftigten eine breite Laienöffentlichkeit. Diese Mobilisierung gipfelte im enthusiastischen Echo breiter Bevölkerungsschichten auf den ersten Kreuzzugaufruf Papst Urbans II. 1095. Auf Dauer freilich enttäuschte die Reform viele Anhänger durch ihren vielfach lediglich formell-rechtlichen und auf den Klerus bezogenen Charakter. Bedürfnisse der Laien fanden kaum Berücksichtigung, obwohl deren Potential aufgrund des sozialgeschichtlichen Strukturwandels des 12. Jahrhunderts wuchs: Mit dem Bevölkerungswachstum entstanden neue Städte, die horizontale (räumliche) wie vertikale (soziale) Mobilität nahm zu. Vor diesem Hintergrund erhoben sich Wanderprediger wie Tanchelm von Antwerpen (gest. 1115), Peter von Bruis (gest. 1132/33) oder Arnold von Brescia (gest. 1155), die mit ihren Forderungen nach einer Verchristlichung der Lebensführung eine gewisse Massenbasis erobern konnten.

Ein Standardverfahren im Umgang mit Häretikern entwikkelte sich auch in jener Zeit noch nicht. Nach dem Bericht des Abtes Guibert von Nogent (gest. 1124) wurden 1114 einige Ketzer in Soissons vom Bischof verhört und – weil sie leugneten – dem Gottesurteil des geweihten Wassers unterworfen. Dabei empfingen die Probanden die Kommunion und wurden in ein vorher exorziertes Gewässer geworfen. Weil das Wasser sie nicht annahm, sondern sie «wie ein Stock» schwammen, wurden sie inhaftiert. Eine Volksmenge lynchte die Ketzer, noch bevor eine Bischofssynode über ihr Schicksal entscheiden konnte, ein Vorgehen, das vom Chronisten als «gerechter Eifer» charakterisiert wird. Die beteiligten Geistlichen aber waren unsicher, welche Bestrafung die Ketzer verdienten. Auch der berühmte Zisterzienserabt Bernhard von Clairvaux (1090–1153) schwankte in seinen um 1145 entstandenen Ketzerpredigten noch zwischen Überzeugung und Zwang. Als Motto wählte Bernhard eine Zeile aus dem Hohen Lied (2,15), nach dem die kleinen Füchse, die die Weinberge verwüsten, gefangen werden sollen. Allegorisch könne man unter den Weinbergen die Kirchen, unter den Füchsen aber die Häretiker verstehen. Diese Füchse solle man zuerst mit Worten «fangen» und so für die Kirche zurückgewinnen. Wer sich indes nicht bekehren wolle, den solle man nach dem Rat des Apostels (Tit 3,10 ff.) meiden. Unter den gegenwärtigen Umständen sei es jedoch angemessener, die Ketzer zu verjagen oder zu verbannen. In Anspielung auf den Kölner Lynchmord an einigen Katharern (vgl. Kap. III.1) mißbilligte er zwar den Glaubenszwang und riet zur Überzeugung, lobte jedoch ebenso wie Guibert den frommen Eifer der Täter und rechtfertigte in diesem Zusammenhang auch eine öffentliche Gewalt, die mit ihrem Schwert die Ketzer in die Schranken weise. Ein Jahrhundert später hatten sich die Gewichte zwischen Überzeugung und Zwang endgültig verschoben. Thomas von Aquin (1224–1274) vertrat in seiner um 1270 abgefaßten «Summe» dezidiert die Auffassung, hartnäckige Ketzer seien dem weltlichen Gericht zur Bestrafung zu übergeben. Und dieses Gericht, das jeden Münzfälscher und andere Übeltäter mit dem Tode bestrafe, könne den Häretiker als einen größeren Verbrecher rechtmäßig töten. So werde das Unkraut herausgerissen, ohne den Weizen gleichermaßen zu beschädigen.

III. Die päpstliche Inquisition im Mittelalter

1. Vorgeschichte und Entstehung

Irritiert berichtet 1143 Everwin von Steinfeld, Abt des Eifler Prämonstratenserklosters Steinfeld, in einem Brief an Bernhard von Clairvaux von der Entdeckung einer kleinen Gruppe halsstarriger Häretiker in der Nähe von Köln. Eine eifrige Volksmenge habe sie gegen seinen Willen ergriffen und auf dem Scheiterhaufen verbrannt. Everwins Bericht ist einer der frühesten Belege für das Auftreten einer neuen, mächtigen Häretikerbewegung in Westeuropa. Als Katharer (abgeleitet von griech. *katharos*, «rein»; manchmal auch von *catus*, lat. Katze) sollten sie in die Geschichte eingehen, wovon schließlich in der deutschen Sprache die stigmatisierende Fremdbezeichnung für alle Häretiker

Vorgeschichte und Entstehung   19

abgeleitet wurde: Ketzer. Die Eigenbezeichnung als «Arme Christi» (*pauperes Christi*) deutet auf ihr Selbstverständnis hin: Leben in der Nachfolge der Apostel, ohne Besitz. Andere Gebote und Gebräuche werden erst in späteren Quellen deutlicher faßbar: Ablehnung der meisten Sakramente, radikale Absage an Geschlechtsverkehr und Ehe, Verweigerung der Eidesleistung, Schärfung des Tötungsverbotes. Die kleine Zahl der «Vollkommenen» (*perfecti*) war diesem asketischen Ideal besonders verpflichtet, während die große Masse der «Gläubigen» (*credentes*) weniger rigorose Moralvorschriften zu befolgen hatte. Von der traditionellen christlichen Theologie weit entfernt erscheint die dualistisch angelegte Kosmologie und Theologie der Katharer, ihre strikte Entgegensetzung von reiner Seele und böser Welt, gutem Gott und dem Satan als dem höllischen Weltenschöpfer.

Wenn auch auf Dauer nicht im Rheinland, so konnten die beschriebenen Häretiker doch insgesamt schnell an Boden gewinnen, eigene Bistümer gründen und Synoden abhalten. Ihre Zentren lagen vor allem in Südwestfrankreich (wo sie nach ihrem Hauptort Albi Albingenser genannt wurden) und in Nord- und Mittelitalien (wo sie oft als Patarener firmierten). Auch wenn es bei den Katharern spätestens seit den 1180er Jahren zu inneren Spannungen und Abspaltungen kam, gewannen sie Anhänger bei den einfachen Leuten ebenso wie in den höchsten regionalen Adelskreisen. Von vielen wurde die katholische Kirche als zu «verweltlicht» und damit unglaubwürdig empfunden. Die Katharer präsentierten mit ihren «Vollkommenen» eine Alternative in Gestalt einer Priesterelite, die ihre moralischen Prinzipien kompromißlos zu leben versprach. Die einfachen Gläubigen mußten sich der rigoristischen Lebensführung zunächst nicht unterwerfen, aber auch ihnen winkte eine Heilsgarantie in Gestalt der Geisttaufe (*consolamentum*).

Die Katherer blieben nicht die einzige Herausforderung an die römische Kirche. Ab 1173 formierte sich um den Kaufmann Valdes in Lyon eine Gruppe von *pauperes Christi*, die bald als «Arme von Lyon» oder nach dem Stifter einfach als Waldenser bezeichnet wurden. Es handelte sich um eine stark am Evangelium orientierte Bewegung, die trotz rechtgläubiger Glaubensbekenntnisse von Papst Lucius III. 1184 zu Ketzern erklärt wurde, vor allem wegen der von ihr praktizierten Laienpredigt. Mit der Zeit entfernte sie sich in Lebensführung und Anschauung weiter von der Orthodoxie, verachtete Altäre und Kreuzverehrung, lehnte Schwören, Lügen und Töten als Todsünde ab und verwarf die Lehre vom Fegefeuer als unbiblisch.

Wie sollte die Kirche derartige, bisher unbekannte Massenbewegungen bekämpfen? Der eingangs zitierte Bericht Everwins zeigt eine Hilflosigkeit im Umgang mit den neuen Gegnern, die sich so schnell nicht verlieren sollte. In der ersten Zeit gelangen der Orthodoxie kaum durchschlagende Erfolge. Das zur Verfügung stehende Instrumentarium war begrenzt. Die Bischöfe, Hauptträger der kirchlichen Ketzerverfolgung, gingen lokal zersplittert gegen die Ketzer vor und waren unsicher, wie hart sie durchgreifen sollten. Als eigene Strafmaßnahme stand der Kirche die Exkommunikation zur Verfügung, ein Schwert, das gegen Menschen stumpf bleiben mußte, die die Legitimität der Kirche ohnehin bestritten. Vor der Bestrafung mußten zudem Entdeckung und Überführung erfolgen. Auch hier fehlte es an effizienten Methoden. Gottesurteile, wie sie 1114 in Soissons praktiziert wurden, waren bereits in dieser Zeit umstritten. Das Vierte Laterankonzil sollte sie 1215 als unzulässigen Versuch, Gott zu zwingen, endgültig verbieten.

Das späte 12. Jahrhundert wurde vor diesem Hintergrund zu einer Phase des Experimentierens im Umgang mit Ketzerei. Viele in dieser Zeit propagierte Maßnahmen stellten Mosaiksteine im sich langsam herauskristallisierenden System der Ketzerbekämpfung dar. Bereits in den Entschließungen des Dritten Laterankonzils von 1179 finden sich ein bedingter Aufruf zum Kreuzzug gegen die Ketzer und entsprechende Ablaßversprechen für deren Gegner. Neben dem Anathema, dem Ausschluß aus der kirchlichen Gemeinschaft, drohte das Konzil den Ketzern und ihren Unterstützern auch körperliche Bestrafung an: Obwohl die Kirche keine blutigen Strafen verhänge, könne die Angst vor körperlicher Bestrafung doch der seelischen Bekehrung Vorschub leisten, so hieß es. Die vielleicht wichtigste Bestimmung jedoch verfügte die Konfiskation des Besitzes, die

Vorgeschichte und Entstehung 21

nicht nur den Häretiker selbst, sondern seine gesamte Familie und Nachkommenschaft treffen sollte. Die Güterkonfiskation stammte ursprünglich aus dem Römischen Recht und hatte dort im Fall von Majestätsverbrechen Anwendung gefunden (Gesetz *Quisquis* von 397).

In seiner Dekretale *Ad abolendam* von 1184 bestimmte Papst Lucius III., Häretiker, die ihren Irrtümern nicht öffentlich abschwören wollten oder rückfällig waren, sollten dem «weltlichen Arm» zur geschuldeten Strafe (*animoadversio debita*) übergeben werden. Alle Unterstützer der Ketzer, so der Papst weiter, verfielen überdies dem Verdikt der Infamie, der Unehrenhaftigkeit, und verloren damit ihre Fähigkeit zur Ausübung öffentlicher Ämter, ebenso ihre Gerichts-, Testaments- und Erbfähigkeit. Zukunftsweisend waren auch die päpstlichen Bestimmungen zum Aufspüren der Ketzer. Alle Bischöfe sollten zwei- oder dreimal im Jahr verdächtige Pfarreien visitieren. Drei oder mehr Personen von gutem Leumund, wenn nötig auch die gesamte Nachbarschaft, wurden eidlich verpflichtet, ihm Verdächtige anzuzeigen; als Vorbild diente hier das seit Jahrhunderten bekannte Sendgerichtsverfahren mit seinen Geschworenen (*testes synodales*). Die Angezeigten hatten sich in der Regel durch einen Reinigungseid vom Ketzereiverdacht zu befreien. Jeder Eidesverweigerer galt als Ketzer, weil die Häretiker die Ableistung eines Schwures aufgrund biblischen Gebotes (Matt. 5,34) generell für unstatthaft hielten. Damit bekam der Purgationseid des Verdächtigen, der zum traditionellen Instrumentarium von weltlichen und kirchlichen Strafverfahren gehörte, im Kontext des Ketzerverfahrens eine neue Funktion als probates Mittel zum Aufspüren von Ketzern.

In eine neue Phase trat die kirchliche Ketzerbekämpfung, als Innozenz III. 1198 auf den Papstthron gelangte. Dieser «Juristenpapst» baute die Kurie zu einer umfangreichen Zentralbehörde aus, systematisierte das Kirchenrecht und betonte sowohl gegenüber konkurrierenden weltlichen Gewalten als auch gegenüber den anderen Bischöfen seine herausgehobene Stellung als Stellvertreter Christi auf Erden. Dem Ketzerproblem versuchte er sowohl mit Integrationsangeboten als auch mit Repression beizukommen. So konnte er die Humiliatenbewegung und einen Teil der Waldenser wieder in den Schoß der Kirche zurückführen. In diesem Kontext ist auch das Wohlwollen für die Büßergemeinschaft des heiligen Franziskus von Assisi zu sehen. Davon, daß Innozenz andererseits entschlossen den Kampf gegen die häretischen Bewegungen aufnahm, zeugt nicht zuletzt seine gezielte Förderung antihäretischer Prediger wie z. B. des Dominikus, des Gründers und Namensgebers des Predigerordens.

Die Ketzergesetzgebung Papsts Innozenz III. (Dekretale *Vergentis in senium* von 1199) ging von dem Grundsatz aus, daß gegen Ketzer ebenso verfahren werden solle wie gegen Majestätsverbrecher, und rechtfertigte so z. B. weitreichende Güterkonfiskationen. Die Parallelisierung von Verbrechen gegen die weltliche und die göttliche Majestät, die Schaffung eines *crimen laesae maiestatis divinae*, öffnete einer Legitimierung der Todesstrafe durch die Kirche Tür und Tor. So wurde immer deutlicher festgeschrieben, daß die Ketzer vor weltlichen Gerichten mit der Todesstrafe zu rechnen hatten. Den Präzedenzfall bildete ein Ketzergesetz des Königs Peter II. von Aragón von 1197/98; dort wurde den Häretikern als Hochverrätern neben der Güterkonfiskation auch der Feuertod angedroht. Wegweisend sollte dann die Ketzergesetzgebung Kaiser Friedrichs II. werden, insbesondere eine Bestimmung vom März 1224 für die Lombardei: Vom Bischof überführte und verurteilte Ketzer sollten an die lokalen Gewalten überstellt und mit kaiserlicher Autorität verbrannt werden. Wolle man sie zur Abschreckung leben lassen, dann sollten sie nach dem Prinzip der spiegelnden Strafe die Zunge verlieren, mit der sie den Glauben der Kirche geschmäht und den Namen des Herrn gelästert hätten. Nicht nur diese Strafe belegt, daß sich in den Augen des Herrschers Häresie, Gotteslästerung und Majestätsbeleidigung einander stark angenähert hatten. Auch in den Konstitutionen von Melfi von 1231 für Sizilien wird die Häresie als eine schwere Form des Majestätsverbrechens verurteilt.

Seinen wichtigsten Beitrag zur Ketzerverfolgung lieferte Papst Innozenz III. mit der Initiierung eines neuartigen Untersuchungsverfahrens, dem Inquisitionsprozeß (*inquirere* = aufspü-

Vorgeschichte und Entstehung

ren), der das wichtigste Charakteristikum der neuen kirchlichen Ketzerverfolgung werden sollte. Nicht umsonst gab das Verfahren der ganzen Institution ihren Namen! Gleichsam den nordwesteuropäischen Normalfall eines Strafprozesses bis zum 13. Jahrhundert stellte der Akkusationsprozeß dar. Er folgte der Maxime «Wo kein Kläger, da kein Richter»; ohne Anklage durch eine Streitpartei unterblieb die rechtliche Überprüfung und Sanktionierung eines Sachverhaltes. Aus eigenem Antrieb konnte ein Richter nicht tätig werden, er hatte lediglich die formale Korrektheit des gerichtlichen Streitaustrags zu überwachen, der mit archaischen Beweismitteln (Gottesurteilen, Reinigungseiden) ausgefochten wurde. Der Inquisitionsprozeß beruhte dagegen auf einer völlig anderen Rechtsphilosophie. Danach konnte der Richter unter bestimmten Umständen – nämlich dann, wenn der schlechte Leumund (*mala fama*) einer Person ruchbar wurde – von sich aus tätig werden und ein Verfahren eröffnen (Offizialmaxime). In diesem Zusammenhang sollte er sich über die materielle Wahrheit ins Bild setzen, d. h. er mußte versuchen, für die Schuld eines Angeklagten tatsächliche Beweise zu finden.

Ein Zwischenstück in der Entwicklung vom Akkusations- zum Inquisitionsprozeß bildete das kanonische Infamationsverfahren. Hier galt bereits die Offizialmaxime: Ein Bischof konnte gegen verdächtige kirchliche Amtsträger aufgrund ihres schlechten Leumunds aus eigenem Ermessen tätig werden. Allerdings blieb es dem Angeklagten dann gestattet, sich mit Eiden von der Anklage zu reinigen – für einen einflußreichen Prälaten wohl keine allzu schwere Aufgabe. Die Neuerung von Innozenz III. bestand nun darin, daß er seine Legaten spätestens seit 1206 (Dekretale *Qualiter et quando*) nach der materiellen Wahrheit des Vorwurfes forschen und auf der Grundlage dieser Erkenntnisse entscheiden ließ. Einige Jahre später, mit dem achten Kanon des Vierten Laterankonzils 1215, wurde das Verfahren *per inquisitionem* als verbindlich etabliert. Zunächst ging es dabei alleine um das innerkirchliche Verfahren gegen Kleriker. Auf die persönliche Integrität der Zeugen wurde großer Wert gelegt, eine Vorsichtsmaßnahme, die später im Ketzerprozeß bewußt beiseite gelassen wurde. Es dauerte jedoch noch einige Zeit, bis der Inquisitionsprozeß als Instrument zur Verfolgung von Häretikern adaptiert wurde. Die Begriffe *inquirere* bzw. *inquisitio* begegnen in diesem Kontext zum ersten Mal im Jahr 1229. Im November dieses Jahres faßte ein Konzil in Toulouse weitreichende Beschlüsse darüber, wie die Sicherung des Friedens und die Ketzerbekämpfung in Südfrankreich nach dem Ende des Albigenserkreuzzuges vonstatten gehen sollten (vgl. Kap. III.2). In jedem Ort, so hieß es dort, sollten Suchtrupps, bestehend aus einem Priester und drei Laien, sorgfältig nach Ketzern forschen und diese den kirchlichen Behörden anzeigen. Damit wurde das alte Instrument der Synodalzeugen modifiziert und modernisiert; eine Art dauerhaft bestehende Spezialpolizei sollte einzig für die Verfolgung von Ketzern zuständig sein. Ein wichtiger Schritt hin zur Professionalisierung der Ketzerverfolgung war damit getan, auch wenn diese Aufspürtrupps noch keine Gerichtsvollmachten besaßen und sich strikt im Rahmen der bischöflichen Gerichtsbarkeit bewegten. Aber die Beauftragung einer bestimmten Gruppe von Inquisitoren lag gleichsam in der Luft.

Diesen Schritt sollte Papst Gregor IX. (1227–1241) vollziehen, der bereits als Legat des Innozenz-Nachfolgers Honorius III. aktiv in der Ketzerbekämpfung tätig war und von Beginn an die dominikanischen Predigerbrüder systematisch förderte. Im Januar 1231 übernahm er das Antiketzergesetz Friedrichs II. von 1224 in sein Register und verschaffte damit der Strafe des Feuertodes auch im kirchlichen Bereich Eingang. Wenn wenig später in der Dekretale *Excommunicamus* von der «geschuldeten Strafe» (*animadversio debita)* die Rede ist, der die Verurteilten zuzuführen seien, dann ist damit zweifellos der Feuertod gemeint. Im gleichen Jahr beauftragte der Papst eine ganze Reihe von Legaten mit der Ketzerbekämpfung. Während der Auftrag für Konrad von Marburg im Oktober noch etwas vage formuliert ist (vgl. Kap. III.3), gilt der Brief Gregors IX. an zwei Regensburger Predigerbrüder mit dem Initium *Ille humani generis* vom 22. November 1231 als Schlüsseldokument für die Etablierung der Inquisition. Er bildet den Auftakt zu einer ganzen Reihe nahezu gleichlautender Ketzerbekämpfungsaufträgen des römischen Bischofs. Darin erteilt der Papst den jeweils angesprochenen Dominikanern den Auftrag zur gewissenhaften Suche nach Ketzern, zu ihrem Verhör und zum Vorgehen gegen sie gemäß päpstlichem Statut. Man kann dieses Schreiben wohl kaum als «Geburtsschein» der Inquisition bezeichnen, immerhin aber als wichtige Etappe eines sich länger hinziehenden Geburtsvorganges. Noch hatte sich für die Tätigkeit, die hier beschrieben wurde, kein offizieller Titel eingebürgert. Wenige Jahre später sollte Papst Gregor IX. aber bereits vom Geschäft der Inquisition (*negotium inquisitionis*) bzw. vom Amt der Inquisition (*officium inquisitionis)* sprechen. Seit den 1240er Jahren bürgerte sich die Bezeichnung *inquisitores heretice pravitatis* ein, «Verfolger der ketzerischen Verderbtheit».

Der sich in dieser begrifflichen Fixierung widerspiegelnde Institutionalisierungsschub vollzog sich im zweiten Drittel des 13. Jahrhunderts vor allem in Südfrankreich und in Italien in einem an Rückschlägen nicht armen Trial-and-Error-Verfahren. Eine wichtige Zäsur sollte hier die berühmt-berüchtigte Bulle *Ad extirpanda* darstellen, die am 15. Mai 1252 von Papst Innozenz IV. ausgefertigt wurde; unmittelbar zielte sie auf die Verhältnisse in den oberitalienischen Stadtstaaten, wurde aber bald auch als europaweite Norm für die Inquisition rezipiert. Sie faßte die bisher verstreuten päpstlichen Bestimmungen zur Ketzerverfolgung zusammen und legitimierte erstmals und mit durchschlagender Langzeitwirkung die Anwendung der Tortur im kirchlichen Inquisitionsverfahren. Damit war der Weg zum summarischen Ketzerprozeß des späten Mittelalters endgültig vorgezeichnet. Zu betonen ist aber, daß dieser nur eine besondere Ausprägung jenes Inquisitionsverfahrens darstellte, das im kirchlichen *und* im weltlichen Bereich Anwendung fand. Bis zum Ende des 18. Jahrhunderts blieb dieses Verfahren in vielerlei Variationen die Grundlage der Strafgerichtsbarkeit im größten Teil Europas.

2. Südfrankreich: Das Versuchslabor der Inquisition

Okzitanien, das Gebiet zwischen Pyrenäen und Seealpen im Süden Frankreichs, stellte um 1200 eine kulturell, sprachlich und politisch eigenständige Region dar. Hier – vor allem im Ketzerdreieck von Albi, Toulouse und Carcassonne – hatten zu jener Zeit die Katharer ihre Hochburg, auch wenn sie keineswegs die Mehrzahl der Bevölkerung stellten. Ihre Hauptanhängerschaft besaßen sie in den ländlichen Gebieten, unter den kleinen Leuten ebenso wie unter dem niederen Adel, während sie in den Städten zumeist nur eine kleinere, wenn auch einflußreiche Gruppe waren. Auch wenn die führenden Aristokraten in der Region zumeist katholisch blieben, war ihre Haltung zu den Häretikern – ebenso wie diejenige der meisten anderen – eher durch wohlwollende Indifferenz gekennzeichnet. Ihr nachdrücklicher Aufruf zu moralisch-ethisch eindeutigem Verhalten sicherte den Katharern Sympathien in allen Schichten. Das christliche Heil wurde vielfach bei den Katharern in besseren Händen gesehen als bei den Vertretern der offiziellen Kirche.

Bereits im ersten Jahr seines Pontifikates 1198/99 schickte Papst Innozenz III. zwei Zisterziensermönche mit weitreichenden Vollmachten nach Okzitanien, um den rechten Glauben zu predigen und sicherzustellen, daß alle geistlichen wie weltlichen Waffen gegen die Häretiker und ihre Gönner eingesetzt würden. Ab 1203 kamen neue päpstliche Legaten ins Land, darunter der streitlustige Zisterzienser Peter von Castelnau. Die Sendboten des Papstes versuchten, die zahlreichen regionalen Fehden und Zerwürfnisse zu schlichten und gleichzeitig mit Predigten die Ketzerei zu bekämpfen. Unterstützt wurden sie 1206/07 im übrigen durch Dominikus Guzmán, dessen Bewegung im Jahr 1216 von Papst Honorius III. als Orden der Predigerbrüder offiziell anerkannt wurde. Als Dominikaner, unter dem Namen ihres heilig gesprochenen Gründers, sollte sie künftig bekannt werden.

Vorerst blieb die Antiketzerpolitik des Papstes jedoch nur sehr begrenzt erfolgreich. Nicht zum ersten Mal wurde im Jahr 1207 Raimund VI., der Graf von Toulouse, der wie ein König über weite Teile Okzitaniens herrschte, wegen mangelnder Unterstützung bei der Bekämpfung der Häresie vom Legaten Peter von Castelnau exkommuniziert. Im Januar 1208 fiel dieser Gesandte des Papstes einem Mordanschlag zum Opfer, der zum Kreuzzugsfanal werden sollte. Propagandistisch wurde dem Grafen von Toulouse direkt oder indirekt die Verantwortung für die Bluttat zugeschoben. Dadurch konnten die politischen Bedenken der Könige von Frankreich und von Aragón gegen eine bewaffnete Intervention überspielt werden. Zum ersten Mal riefen päpstliche Gesandte zu einem Kreuzzug gegen den Feind im Inneren der Christenheit auf, versprachen reichlich Ablässe sowie ein Anrecht auf den Besitz der ketzerischen Gegner.

So begannen die sog. Albingenserkriege, die zwanzig Jahre lang den Süden Frankreichs verwüsteten. Sie endeten im April 1229 unter dem jungen König Ludwig IX. mit einem demütigenden Friedensvertrag für den isolierten Graf Raimund VII., der faktisch die Eingliederung Okzitaniens in den Machtbereich der französischen Krone besiegelte. Die Bedeutung des erfolgreichen Kreuzzugs liegt darin, die politischen Rahmenbedingungen für die Etablierung einer effizienteren Ketzerverfolgung geschaffen zu haben. Vielfach waren lokale Adlige als verurteilte Ketzer bzw. Ketzerfreunde enteignet worden, ihr Besitz fiel an die Krone oder an auswärtige Barone. Neue königliche Beamte ordneten die Verwaltung nach nordfranzösischem Muster, alle Städte erhielten Garnisonen. Das Ketzerproblem selbst hatte der Kreuzzug jedoch keineswegs gelöst.

Mit den Bestimmungen des Konzils von Toulouse begann im November 1229 eine Phase systematischerer Repression gegen die Häretiker (vgl. Kap. III.1). Der Graf von Toulouse, seine Vasallen und die Konsuln der Tolosaner Kommune waren beim Konzil anwesend und wurden zur Ketzerverfolgung verpflichtet. Die Kirche konnte nun über den bisher widerspenstigen weltlichen Arm verfügen. Konfisziert werden sollten folgerichtig nicht nur die Güter der Verurteilten, sondern auch die der säumigen weltlichen Herrscher und der Beherberger. Der Wille zur flächendeckenden Kontrolle manifestierte sich in der Bestimmung, daß alle Männer über 14 und alle Frauen über

12 Jahre der Häresie abschwören sollten. Um die Eidesleistung zu kontrollieren, sollten die Namen aller Pfarrkinder aufgeschrieben werden. Wer sich entzog, galt als verdächtig. Neben zahlreichen weiteren Einzelbestimmungen wurde überdies ein wegweisender Strafkatalog für Ketzer beschlossen.

Nur schleppend kamen im Gefolge des Konzils Verfolgungen in Gang. Päpstliche Legaten stießen auf Widerstand, der weltliche Arm verweigerte immer noch häufig die Zusammenarbeit, und das gesamte Verfahren besaß durch die Beteiligung verschiedener Bischöfe eine gewisse Schwerfälligkeit. Im April 1233 aber wurden in Frankreich auf Grundlage der Bulle *Ille humanis generis*, gleichsam nach dem «Regensburger Modell», die Dominikaner mit der Ketzerbekämpfung beauftragt, die im übrigen seit dem Vorjahr auch den Bischofssitz von Toulouse mit einem Ordensbruder besetzt hatten. Ebenfalls im April 1233 sah sich auch Graf Raimund VII. genötigt, antihäretische Statuten zu erlassen. Im Januar 1234 wurden einige Dominikaner als päpstliche Inquisitoren für die südfranzösischen Diözesen eingesetzt, gleichsam die erste Generation, darunter Petrus Seila, Guillelmus Arnaldi und Arnaldus Catala.

Ihre ersten Aktivitäten sind nur durch spärliche chronikalische Zeugnisse überliefert. Es kam zu einer Handvoll Todesurteile, meist aber zur Verurteilung, Exhumierung und Verbrennung bereits Toter – ein Beweis für die Schwäche der Inquisition, denn Zeugnisse gegen bereits Verstorbene waren schneller zu erlangen als solche gegen Lebende. Die Zeugen und Beklagten konnten sich relativ leicht entlasten, indem sie den Verstorbenen die Hauptverantwortung zuschoben. Auf der anderen Seite wirkte die Störung der Leichenruhe und die rituelle Bestrafung der Leichen abstoßend und verstörend auf eine Gesellschaft, deren Mitglieder mit den Toten in einer innigen Erinnerungs- und Gebetsgemeinschaft lebten. Das Vorgehen der Inquisitoren entsprach den seit ca. 1220 entwickelten Schritten: Die Mönche bereisten die Diözesen, predigten, warnten vor Ketzern und drohten Strafen an. Sie riefen dazu auf, zu einem festgesetzten Zeitpunkt vor den Inquisitoren zu erscheinen und das eigene Wissen über Häretiker preiszugeben. Die entsprechenden Aussagen wurden entgegengenommen und schriftlich fixiert. Dabei kam es jedoch häufig zu Regelverstößen: Der Leumund von Zeugen wurde kaum beachtet, so daß auch zwielichtige Personen belastende Aussagen machen konnten; den Beschuldigten wurden die Namen der Zeugen nicht mitgeteilt, was ihre Verteidigung deutlich erschwerte. Die vom Papst vorgeschriebene Konsultation anderer Geistlicher wurde von den mit einem gewissen Elitebewußtsein ausgestatteten Bettelmönchen häufig ignoriert. Strafen wurden zumeist vom weltlichen Arm bereitwillig und schnell vollstreckt, obwohl sich die Zahl der Todesstrafen auf kaum ein Dutzend beschränkt haben dürfte.

Schnell stießen die Inquisitoren auf eine Mauer des Schweigens. Mehr noch, es gab offenen Widerstand sowohl der einfachen Bevölkerung als auch des Adels. Wiederum stellte sich Graf Raimund VII. selbst gegen die Ketzerverfolger. In Albi wurde Arnaldus Catala bei dem Versuch der Exhumierung einer Ketzerin verprügelt, seine Kleider zerrissen; nur knapp entging er einem Lynchmord. In Toulouse wurde 1235 mit dem Inquisitor gleich der ganze Dominikanerkonvent aus der Stadt vertrieben. Zu den regionalen Widerständen kam eine ungünstige politische Großwetterlage: Zwischen 1238 und 1241 war der Konflikt zwischen dem Papst und Kaiser Friedrich II. derartig eskaliert, daß er andere dringende Fragen in den Hintergrund drängte. Der Papst versuchte, den auf seiten Friedrichs stehenden Grafen Raimund VII. dadurch auf seine Seite zu ziehen, daß er die Arbeit der Tribunale vorerst ruhen ließ. Der Graf wiederum trachtete den aufgeflammten englisch-französischen Konflikt für sich zu nutzen und sein Herrschaftsgebiet zu verbreitern. Eine Verschwörung gegen Ludwig IX. scheiterte jedoch; 1242 sah er sich erneut und diesmal endgültig zur Kapitulation gegenüber der Krone gezwungen.

Damit war der Boden für eine erneute Offensive der Inquisitoren bereitet. Insbesondere Petrus Seila und Guillelmus Arnaldi waren Anfang der 1240er Jahre aktiv. Petrus Seila war einer der ersten Gefolgsleute des Dominikus gewesen. Er besuchte in den Jahren 1241/42 die Gegend des Quercy. In seinem Register finden sich die Namen von ca. 600 Verurteilten, wobei sicherlich noch mehr Leute verhört wurden. Als Strafen verhängte er vor allem das Tragen des aufgenähten Kreuzes und bestimmte Leistungen zur Armenversorgung, aber auch Wallfahrten, als besonders schwere Variante diejenige nach Konstantinopel. Andererseits gibt es kein Todesurteil, keine Konfiskation und kein Gefängnis. Es handelt sich wohl vor allem um Fälle, in denen die Menschen innerhalb der Gnadenfrist eigene Vergehen «beichteten». Insofern verzeichnete Petrus Seila Erfolge vor allem durch Milde. Guillelmus Arnaldi scheint dagegen willkürlicher und grausamer vorgegangen zu sein. Seine Ermordung im Mai 1242 sollte zu einem Wendepunkt werden. Zusammen mit etlichen Begleitern fiel Arnaldi einem Mordanschlag kämpferischer Katharer zum Opfer. Die Bluttat von Avignonet provozierte, ebenso wie im Fall des Peter von Castelnau, entschiedene Maßnahmen der Ketzerbekämpfer. In den Blickpunkt rückte nun die kleine Bergfestung Montségur. Seit längerem war sie Zufluchtsstätte und Hochburg der Katharer; außerdem hatte ihr Kommandant bei dem Anschlag auf die Inquisitoren seine Hand im Spiel. Nach fast einjähriger Belagerung durch ein königliches Heer kapitulierte die Festung am 16. März 1244. Freiwillig und ohne Prozeß bekannten sich die katharischen Vollkommenen zu ihrem Glauben. Über zweihundert wurden daraufhin am Fuß des Berges mit dem Feuer gerichtet, unter ihnen auch einige Adlige und Söldner, die sich dem Vorbild der «Vollkommenen» verpflichtet fühlten – ein bemerkenswertes Zeugnis für die Überzeugungskraft der Häretiker.

Nach dem Fall von Montségur kam es zu Verfolgungen durch die Inquisition in bisher unbekannten Größenordnungen. Ihre Protagonisten waren seit 1243 die beiden Dominikaner Bernard de Caux und Jean de Saint-Pierre, Inquisitoren der zweiten Generation. Sie betrieben zwischen Mai 1245 und August 1246 die wohl weitläufigste Untersuchung, die je mittelalterliche Inquisitoren durchgeführt haben. Statt sich der gefahrvollen Reise über Land auszusetzen wie der ermordete Arnaldi, zentralisierte man nun das Verfahren. Flächendeckend zitierten die Inquisitoren alle Einwohner des Lauragais, der Landschaft, die sich südöstlich von Toulouse bis nach Carcassonne erstreckt, in das Kloster

Südfrankreich: Das Versuchslabor der Inquisition 31

von St. Sernin in Toulouse. Aus den nur bruchstückhaft erhaltenen Quellen lassen sich allein über 5400 Verhöre rekonstruieren, wahrscheinlich nur ein Bruchteil aller tatsächlich durchgeführten. Jede männliche Person über 14 und jede Frau über 12 Jahre sollte befragt werden. Notwendigerweise brachte die große Zahl zugleich eine Bürokratisierung des Vorgehens mit sich, etwa die Verwendung standardisierter Frageraster, um über Fakten, Zeitangaben, Treffen und Glauben der Katharer Auskunft zu erlangen. Dabei konnten die Inquisitoren bereits auf einen Stab von Notaren, Schreibern und unterstützenden Amtsträgern zurückgreifen; anders wäre die Massenbefragung der Menschen in kleineren Gruppen von 20–30, bisweilen bis zu 75 Personen kaum zu bewältigen gewesen. Man wollte ein vollständiges und allumfassendes Gesamtbild haben, weniger über Inhalte des Glaubens als über die Beteiligung konkreter Personen an der Ketzerei. Dabei konnte man vielfach die Aussagen mit Verhören vergleichen, die dieselben Personen bereits früher gegenüber anderen Inquisitoren gemacht hatten. Auf diese Weise konnten die Befrager mehr als einhundert Falschaussagen ermitteln sowie geheime Abmachungen und Täuschungsversuche aufdecken. Bei den Betroffenen bewirkte dieses Vorgehen eine Wahrnehmung der Inquisition nicht mehr als punktuelle, vorübergehende Unbill, sondern als eine tief verwurzelte Organisation. Verglichen mit dem Umfang der Befragungen muten die Sanktionen bescheiden an. Die 207 bekannten Urteile beschränken sich meist auf das Tragen von gelben Bußkreuzen; lediglich in 23 Fällen wurde auf dauerhafte Einkerkerung entschieden. Die von Toulouse ausgehenden Untersuchungen trafen, ebenso wie andere in jenen Jahren in Agen, Cahors, Carcassonne und Pamiers, die häretische Infrastruktur schwer und nachhaltig.

Insgesamt bildeten die Verfahren der 1240er Jahre gleichsam die Blaupause, nach der die Inquisition zukünftig verfahren sollte. Nicht zufällig entstanden in dieser Zeit die ersten, wenngleich bescheidenen Inquisitorenhandbücher, die das in der Praxis erworbene Wissen fixierten. Zunehmend routiniert und professionell führten die Inquisitoren in der zweiten Hälfte des 13. Jahrhunderts ihren Kampf gegen die Häresie. Nach wie vor waren die

Katharer dabei das Hauptziel. Diese religiöse Bewegung tritt uns aus den Quellen zwar geschwächt, bis zum Ende des Jahrhunderts aber noch keineswegs völlig gebrochen gegenüber. Auf den Verfolgungsdruck reagierten ihre Vertreter mit Absetzbewegungen auf das Land bzw. ins Gebirge, zeitweilig sogar mit Flucht nach Italien, bis auch dort die Verfolgungen überhand nahmen. Gemeinhin gilt das letztendliche Niederringen der katharischen Häresie als eine der unbestrittenen Erfolge der Inquisition. Aber auch innere Probleme und Widersprüche der dualistischen Religion selbst mögen zu ihrem Niedergang beigetragen haben. So scheinen z. B. die «Vollkommenen» nicht in der Lage gewesen zu sein, dem selbst gesetzten moralischen Standard auf Dauer gerecht zu werden. Auch die katholische Reform zeitigte Wirkung und brachte der Orthodoxie neue Sympathien in der Bevölkerung. Pure Repression allein, so wird man resümieren können, reichte zum Sieg über die Katharer wohl kaum hin.

Ihre größte Krise erlebte die südfranzösische Inquisition gegen Ende des 13. Jarrhunderts. Seit 1280 mehrten sich die Beschwerden der städtischen Notabeln in Carcassonne gegen schwerwiegende Mißbräuche der Ketzerverfolger. Zwar scheiterte die geplante Vernichtung der Inquisitionsregister, aber 1291 entzog König Philipp IV. der Schöne der Inquisition zum ersten Mal die Unterstützung des weltlichen Arms. Zum charismatischen Wortführer der antiinquisitorischen Partei wurde Bernard Délicieux, der Lektor des mit den Dominikanern rivalisierenden Franziskanerklosters. Mit einer persönlich vorgetragenen Appellation an den König erreichte er, daß Philipp 1301 in scharfen Worten Mißbräuche und Verfahrensfehler der Inquisition verurteilte. Er verfügte, die Inquisition könne fortan nur in Übereinstimmung mit der bischöflichen Gewalt und unter Aufsicht königlicher Amtsträger tätig werden, und erwirkte sogar die Ablösung des Tolosaner Inquisitors Foulques de Saint-Georges, der zu den hartnäckigsten Widersachern des Franziskanerlektors gehörte. Als es dann 1303, durch die Predigten Bernards angeheizt und durch königliche Beamte unterstützt, in Carcassonne zu einem Aufruhr kam, der mit der Freilassung von Inquisitionsgefangenen endete, war dies zugleich Höhe-

und Wendepunkt im erfolgreichen Kampf gegen die Inquisition. Die Gefahr eines politischen Aufstandes im alten südfranzösischen Unruheherd vor Augen, reagierte der König deutlich reserviert auf erneute Anschuldigungen gegen die Inquisition. Bernard Délicieux beteiligte sich daraufhin an einer Verschwörung, die zum Ziel hatte, einen Sohn des Königs von Mallorca zum König des Languedoc auszurufen. Die dilettantische Konspiration scheiterte, viele Bürger von Carcassonne und Albi wurden wegen Hochverrats gehängt. Bernard Délicieux wurde erst viel später, 1316, unter geänderten politischen Rahmenbedingungen verhaftet und nach einem langwierigen Verfahren, bei dem mehrmals die Folter angewandt wurde, zu ewiger Einkerkerung verurteilt. Ein Gericht unter Vorsitz dreier Bischöfe (einer davon war Jacques Fournier) befand ihn des Hochverrats und der Obstruktion gegen die Inquisition für schuldig.

Zu dieser Zeit war die Unterdrückung des Katharismus im Kerngebiet der Albigenser fast gelungen. Ein letztes Mal lebte die häretische Bewegung um die Jahrhundertwende im Hochland der Sabartés auf, einer Gebirgsregion nicht weit von der Grenze zum Königreich Aragón, wo der aus Italien zurückgekehrte Pierre Autier als Missionar der Katharer wirkte. Ab 1303 ging der Inquisitor Gottfried d'Ablis mit Razzien und umfangreichen Prozessen gegen diese Gefahr vor, 1307 traf mit Bernard Gui ein weiterer erfahrener Inquisitor in Toulouse ein. Im Laufe des Jahres 1309 nahm man der Reihe nach die wichtigsten «Vollkommenen» gefangen, im April 1310 wurde Pierre Autier in Anwesenheit der beiden Inquisitoren auf dem Scheiterhaufen hingerichtet. Einem einzigen Vollkommenen, Guillaume Bélibaste, gelang die Flucht nach Katalanien ins Exil. Er wurde erst im Zuge der letzten Inquisitionswelle gefaßt, die ab 1318 von Bischof Jacques Fournier, dem nachmaligen Papst Benedikt XII., geleitet wurde. Die letzten Katharer fielen also nicht dem Zugriff eines päpstlichen, sondern eines bischöflichen Inquisitors zum Opfer.

3. Regionale Variationen

Das mittelalterliche Papsttum war eine Institution mit universalem Anspruch und europäischer Ausstrahlung. Als päpstliche Sondergesandte für den Kampf gegen die Häresien konnten die Inquisitoren deshalb ihrem Anspruch nach im Bereich der gesamten abendländischen Christenheit wirken. Gleichwohl stellte die mittelalterliche Inquisition niemals jene totalitäre Großorganisation dar, als die sie in die moderne Vorstellungswelt eingegangen ist. Ihr konkreter Wirkungsbereich war durch das Auftreten ketzerischer Bewegungen determiniert. Im ersten Jahrhundert ihrer Existenz waren das zunächst die Katharer. Während diese Herausforderung im ersten Drittel des 14. Jahrhunderts schon von der geschichtlichen Bühne verschwunden war, behaupteten sich die Waldenser länger und hartnäckiger. Dazu kamen neue Häresien, manchmal in Gestalt einzelner als ketzerisch empfundener Lehrmeinungen, häufig aber auch in Form von massenhaften religiösen Bewegungen: verketzerte Beginen und Begarden, Spiritualen oder Fraticellen, die mit ihrer geistig-mystischen Auslegung des Evangeliums, ihrer Endzeiterwartung und ihren radikalen Forderungen nach apostolischer Armut die Grenzen der Orthodoxie überschritten; später in England die Lollarden und in Böhmen die Hussiten mit ihrer Kritik an Papstkirche und Klerus. Die Inquisition bezog freilich nicht nur gegen Häretiker im engen Sinn Stellung, sondern dehnte die Definition der unter ihre Jurisdiktion fallenden Ketzereien sehr weit aus: So beanspruchte sie Zuständigkeit etwa für die Häresien der Juden, die nach Auffassung vieler christlicher Prediger im Talmud das Alte Testament verfälschten und Jesus lästerten, oder für Gotteslästerung, Magie, Zauberei und später Hexerei.

Trotzdem blieben viele Teile Europas vom Wirken der Inquisition unberührt. So wurden in England keine päpstlich delegierten Ketzerverfolger aktiv. Erst spät wurden dort von König Heinrich IV. 1401 wesentliche Elemente des kontinentalen Ketzerprozesses auf die Insel übertragen. Und selbst danach blieb die Verfolgung von Häretikern in der Hand der Bischöfe. Auch die iberischen Königreiche Kastilien und Leon erfuhren nie den

Segen der mittelalterlichen Inquisition, um eine ironische Formulierung Leas aufzugreifen; in Portugal sah es ähnlich aus. Im spanischen Königreich Aragón dagegen, dem südfranzösischen Ketzergebiet unmittelbar benachbart, kämpfte der Generalinquisitor Nicolaus Eymerich O.P. (gest. 1399) mindestens ebensosehr mit konkurrierenden weltlichen und kirchlichen Gewalten wie mit Häretikern. Mehrmals wurde er vom König in die Verbannung geschickt. Dabei hatten die Monarchen im 13. Jahrhundert selbst die päpstliche Inquisition als Instrument zur Ausdehnung ihrer Herrschaftsbefugnisse gegen das eigene Episkopat in Stellung gebracht. Die mittelalterliche Inquisition besaß viele regionale Profile; nur drei können hier näher beleuchtet werden.

Italien: Norditalien, insbesondere die Lombardei, bildete die Drehscheibe der katharischen Mission vom Balkan in Richtung des Languedoc. Als die Katharer in Frankreich unter Druck kamen, fanden sie in Norditalien einen Schutz- und Rückzugsraum. Und länger als in Frankreich konnten sie sich im späten 13. und 14. Jahrhundert in Italien behaupten. Auch die Waldenser und andere häretische Bewegungen hatten in Norditalien, vor allem der Lombardei, ihre Hochburgen. Die für mittelalterliche Verhältnisse außergewöhnliche urbane Verdichtung des nord- und mittelitalienischen Raumes schuf den idealen Nährboden für religiöse Bewegungen ganz unterschiedlicher Art. Zugleich bedeutete diese Massierung von Stadtkommunen aber auch eine politische Zersplitterung, die ganz eigene Probleme der Ketzerverfolgung nach sich zog.

Bereits Innozenz III. konzentrierte sich nach seinem Amtsantritt auf die Häretiker vor seiner Haustür. Die in seinem zweiten Pontifikatsjahr 1299 erlassene Bulle *Vergentis in senium* zielte konkret auf die Situation in der – im Kirchenstaat gelegenen – Kommune Viterbo und fand wenig später im nicht weit entfernten Orvieto Anwendung. Die italienischen Kommunen bildeten naturgemäß auch in der Folgezeit die Hauptarenen für den Kampf gegen die Ketzerei. In den ersten Jahrzehnten der Inquisition beherrschte der Machtkampf zwischen den Päpsten und Kaiser Friedrich II. die politische Bühne. Unter dem Banner der Guelfen und Ghibellinen bekämpften sich in den italienischen Städten die Anhänger des Papstes und des Kaisers. Dabei stellten diese Banner oft nur neue Etiketten für alte innerstädtische Fraktionen und Parteiungen dar. Häresie und Inquisition auf der einen, die politische Fraktionenbildung auf der anderen Seite gingen in dieser Zeit eine schwer zu durchdringende Symbiose ein. Ghibellinische Herrscher wie etwa Ezzelino da Romano in Verona, Vicenza und Padua oder Uberto Pallavicini in Cremona, Piacenza und Pavia fungierten als Schutzherren der Ketzerpartei.

Andererseits existierten in Italien Faktoren, die eine aktive Häresiebekämpfung beförderten. So besaßen die Bischöfe hier nicht mehr die starke Stellung wie anderswo; sie waren bereits zuvor vom Papst entscheidend in ihrer Eigenständigkeit beschnitten worden. Zweitens besaß die innerkirchliche Reformbewegung, verkörpert vor allem durch die Bettelorden der Franziskaner und Dominikaner, in Italien eine starke Durchschlagskraft. Die Prediger der Bettelorden stießen in den Städten auf positiven Widerhall. Vor allem gelang es, auch die Laien für die katholische Sache zu mobilisieren, indem sie zur Bildung von Bruderschaften und Milizen angeregt werden konnten, Zusammenschlüssen von Laien, die eine Lebensregel annahmen und sich bestimmten Vorschriften unterwarfen, ohne auf die Ehe zu verzichten. Die enge Verzahnung von rechtgläubiger Erneuerungsbewegung und Kampf gegen die Ketzerei läßt sich an der Person des Dominikaners Johannes von Vicenza sinnfällig machen, der im Jahr 1233 eine steile Karriere als charismatischer Erweckungsprediger machte, die in Bologna begann und sich dann auf Padua und Treviso erstreckte. Er war Exponent einer Friedens- und Bußbewegung, die auf eine weit verbreitete Abscheu vor den kriegerischen Auseinandersetzungen in Italien reagierte, und machte sich einen Ruf als Friedensstifter. Als es ihm gelang, im Sommer 1233 die Belagerung der Stadt Verona auf friedlichem Wege zu beenden, wurde ihm sogleich von den Bewohnern die politische Herrschaft angetragen. Am 21. Juli und den drei darauffolgenden Tagen führte Johannes den Vorsitz bei der Verbrennung von 60 Ketzern in der Arena von Verona, bei der die Bischöfe von neun Städten und die politischen Führer der Region anwesend waren. Die hingerichteten Katharer und Waldenser, darunter Angehörige der angesehensten Familien, hatten sich geweigert, auf Johannes' Anordnungen einen Gehorsamseid zu schwören.

1233/34 wurden auch in Italien päpstliche Inquisitoren mit dem bekannten *Ille humanis generis*-Formular eingesetzt, wobei die dominikanischen Ketzerverfolger vorläufig noch eng mit der bischöflichen und der kommunalen Gewalt zusammenarbeiten mußten. So ernannte der Mailänder Erzbischof 1233 eine aus zwölf Mitgliedern bestehende Ketzerverfolgungskommission, der auch zwei Franziskaner und zwei Dominikaner angehörten; sie blieb dem erzbischöflichen Gericht unterstellt. Widerstände blieben nicht aus. 1234 wurde der päpstliche Legat Roland von Cremona in Piacenza von bewaffneten Männern bei der Predigt überfallen, einer seiner Gefährten tödlich verwundet. In den folgenden Jahren nahm die Repression vielerorts zu. So wirkten Anfang der 1240er Jahre in der bekannten Ketzerhochburg Florenz die Inquisitoren Ruggiero Calcagni und Petrus von Verona. Ihre Tätigkeit brachte das weitverzweigte Netzwerk der Ketzerei in der Stadt zum Vorschein und löste schließlich gewalttätige Auseinandersetzungen in den Dimensionen eines veritablen Bürgerkrieges aus, aus denen die Guelfen schließlich als Sieger hervorgingen.

Einen wirklichen Wendepunkt hin zu einer erfolgreichen und nachhaltigen Bekämpfung der Ketzerei bildete die Ermordung des Inquisitors Petrus von Verona. Im April 1252 fiel er einer Verschwörung katharischer Führer der Lombardei zum Opfer. Schnell rankten sich Legenden um diesen Tod, etwa, daß der Ermordete mit dem eigenen Blut «Credo» auf den Boden geschrieben hatte. Bereits im August des Todesjahres leitete Papst Innozenz IV. ein Kanonisationsverfahren ein, und bevor ein Jahr verstrich, war die Heiligsprechung des getöteten Inquisitors als Petrus Martyr perfekt. Mit Rainero Sacconi trat ein entschlossener und überdies kenntnisreicher Inquisitor die Nachfolge an; er hatte ehedem eine führende Stellung unter den Katharern innegehabt. Vor allem nutzte Papst Innozenz IV. die Gunst der Stunde, um am 12. Mai 1252 mit seiner Dekretale *Ad extirpanda* die bisherigen Bestimmungen gegen Ketzerei bündig zusammenzufassen und das Strafverfahren in einem wichtigen Punkt – Einführung der Folter – zu verschärfen. Obwohl von allgemeiner Geltung, zielte die Bulle in erster Linie auf die kommunale Welt Oberitaliens. Der städtische Podestá, der höchste Amtsträger, mußte einen Eid auf die Einhaltung der Ketzergesetzgebung leisten und war letztlich für deren Durchführung verantwortlich, wobei ihm ein Gremium von zwölf Männern zur Seite stehen sollte. Die kommunalen Statuten sollten in der Folge bis Ende des 13. Jahrhunderts weitgehend die päpstlichen Häresiebestimmungen adaptiert haben. Die höchste Autorität in Sachen Ketzerverfolgung lag nach dem Wortlaut von *Ad extirpanda* bei den Bischöfen und den Inquisitoren. Letztere waren als Inhaber einer vom römischen Bischof delegierten Jurisdiktionsgewalt nun tatsächlich Richter. Damit hatte Papst Innozenz IV., vormals ein bekannter Kirchenrechtler, dem «heiligen Amt der Inquisition» eine neue festere Gestalt gegeben als eine korporative *universitas*, als eine unsterbliche Institution, deren Mitglieder wechselten, die aber als solche dauerhaft fortbestand. Folgerichtig regelte dieser Papst 1254 die regionale Zuständigkeit der Ketzerverfolgung. Italien wurde in acht Inquisitionsprovinzen unterteilt, wobei der Dominikanerorden in der Lombardei und im Königreich Sizilien, die Franziskaner dagegen, bereits seit 1246 in die Ketzerverfolgung eingebunden, in den übrigen Regionen die Inquisitoren stellen sollten. Diese Maßnahmen leiteten eine Phase der Konsolidierung der Inquisition in Italien ein, in deren Folge sich die regionale Struktur weiter ausdifferenzierte und die Zahl der Inquisitoren, ihrer Notare und ihrer Familiaren wuchs.

Der Tod Kaiser Friedrichs II. (1250) bzw. seines Sohnes Konrad IV. (1254) hatte die politischen Rahmenbedingungen für diese Entwicklungen entscheidend begünstigt. Zwar konnten sich die ghibellinischen Herrscher Ezzelino (bis 1259) bzw. Umberto (bis 1269) noch einige Jahre in der Lombardei behaupten, aber spätestens mit Niederlage und Tod des Staufers Manfred in der Schlacht von Benevent und der Hinrichtung des Kaiserenkels

Konradin 1268 siegte die päpstliche Partei in Person Karls von Anjou. Im Königreich Sizilien, in Neapel und Sardinien wurde die Inquisition nun ebenso etabliert wie in den bisher für sie unzugänglichen Teilen der Lombardei. Selbst Venedig mußte den Inquisitoren nach längerem hinhaltenden Widerstand seine Tore öffnen, konnte aber Sonderbedingungen aushandeln: So behielt die weltliche Macht einige Zwangsmittel in der Hand, indem sie alle Geldbußen und Konfiskationen einstrich und davon wiederum die Ausgaben des *Sanctum Officium* bestreiten sollte. Lokal flammten gelegentlich weiterhin Widerstandshandlungen auf. 1277 wurde der Inquisitor Konrad von Pagano im Veltlin durch häretische Adlige ermordet. Und 1279 stürmten die Bewohner von Parma im Gefolge eines Prozesses das Dominikanerkloster, verprügelten die Mönche derart, daß einer starb, und vernichteten die Inquisitionsakten. Dennoch befanden sich die Katharer als hauptsächliche Gegenspieler der Ketzerverfolger im letzten Drittel des 13. Jahrhunderts auch in Italien eindeutig in der Defensive, nachdem sie hier länger als in Frankreich relativ ungestört geblieben waren. In Sirmione am Gardasee wurden 1278 178 Vollkommene gefangen, nach Verona geschafft und dort in der Arena verbrannt. 1282 unterwarfen sich ganze Scharen von «Vollkommenen» dem Florentinischen Inquisitor Salomone da Lucca. Eine der letzten großen Offensiven gegen die dualistische Häresie in Italien erfolgte zwischen 1291 und 1309 in der Großstadt Bologna, wo 103 männliche und 37 weibliche Angeklagte vor Gericht gestellt wurden.

Auch nach dem Verschwinden der Katharer blieb die italienische Halbinsel und insbesondere ihr Norden dasjenige Gebiet in Europa, in dem heterodoxe religiöse Bewegungen (bzw. was von der Orthodoxie als Häresie stigmatisiert wurde) am intensivsten auftraten. Folglich wurde die Inquisition hier keineswegs arbeitslos, auch wenn sich ihre Aktivitäten deutlich abschwächten (was ihr nicht zuletzt finanzielle Probleme eintrug). Im späten 13. und im 14. Jahrhundert brachte die Kombination radikaler Armutsforderungen, die auch bei der Geburt der Bettelorden Pate gestanden hatten, mit mystisch-apokalyptischen Spekulationen im Gefolge des Joachim von Fiore eine Vielzahl ketzerischer bzw. verketzerter Gruppierungen hervor, mit denen sich die Inquisition (nicht nur in Italien) auseinanderzusetzen hatte: Joachimiten, franziskanische Spiritualen, Apostelbrüder, Fraticellen u. a. Das vielleicht klarste Profil besaß die norditalienische, radikale Ausprägung der Waldenser, die sogenannten «armen Lombarden». Bereits im 13. Jahrhundert aus den großen Städten verdrängt, blieben sie vor allem in den subalpinen Gebieten Piemonts aktiv. Im Zeitraum zwischen 1312 und 1395 gingen in der Diözese Turin insgesamt dreizehn Inquisitoren gegen über zweihundert waldensische Häretiker vor, von denen 22 zum Tode verurteilt wurden. Trotz allen Eifers ihrer Verfolger überlebte die Bewegung aber bis in die Zeit der Reformation und konnte sich nun mit dem Protestantismus verbinden, vor allem: ihm als Exempel für das Überleben des wahren Glaubens im «dunklen» Mittelalter dienen.

Frankreich: Gegenüber Südwestfrankreich mit den Tribunalen in Toulouse und Carcassonne im Mittelpunkt nimmt sich die inquisitorische Präsenz im übrigen Frankreich eher bescheiden aus. Seit Mitte des 13. Jahrhunderts war das Königreich in zunächst vier, dann sechs Inquisitionsbezirke unterteilt worden. Im Südosten, von der Provence bis hinein in die Alpen, stellten die Franziskaner die Amtsinhaber, in den übrigen französischen Regionen die Dominikaner. Diesem Orden gehörte auch der Pariser Amtsinhaber an, der phasenweise – wie etwa Guillaume Imbert 1307 – den Titel eines Generalinquisitors für ganz Frankreich führte. Eine strikte Weisungsbefugnis gegenüber seinen Kollegen in der Provinz darf man aus diesem Titel allerdings nicht ableiten. Überhaupt zeugen vielfach nur gelegentliche Namenserwähnungen in päpstlichen Schreiben von der Existenz der Inquisition abseits der Brennpunkte der Ketzerverfolgung. So haben vor allem einige öffentlichkeitswirksame Strafverfahren, an denen die Inquisition beteiligt war, die Aufmerksamkeit der Historiographie auf sich gezogen. Dazu zählt das große Strafspektakel im Mai 1239 in Mont Aimé (Champagne), bei dem in Anwesenheit des Königs von Navarra, des Grafen der Champagne und von nicht weniger als 16 Bischöfen

180 Katharer verbrannt worden sein sollen. Es bildete den Höhepunkt der Verfolgungskampagnen des dominikanischen Ketzerverfolgers Robert le Bougre, der 1232/33 seine Tätigkeit als Ketzerverfolger in der Franche-Comté und in La Charité-sur-Loire begann und damit zu den Pionieren der Inquisition gehört. Nach 1244 fiel der Inquisitor, vor dem nach einem wenig später verfaßten Bericht «beinah ganz Frankreich zitterte», in Ungnade und wurde von seinen Mitbrüdern zu ewiger Kerkerhaft bestimmt. Offenbar war Robert persönlich ein fanatischer und wenig ansprechender Zeitgenosse. Die meist später verfaßten Quellen sehen in ihm einen grausamen und korrupten Eiferer, dem viele Unschuldige zum Opfer fielen. Ob seine Prozeßführung tatsächlich irregulär war, ist – ebenso wie bei seinem deutschen Pedant Konrad von Marburg – umstritten.

Ein gutes halbes Jahrhundert später, ab 1307, kam es zu jenem spektakulären Prozeß, mit dem der französische König Philipp der Schöne die Templer vernichtete. Dieser Ritterorden hatte 1291 mit dem Fall des letzten christlichen Brückenkopfes im Heiligen Land, der Festung Akkon, seinen Gründungszweck verloren. Reich mit Sach- und Geldwerten ausgestattet, war er das Ziel finanzieller Begierde des französischen Königs. Bei Philipp fand ein Denunziant offene Ohren, der die Templer der Ketzerei, nächtlicher Orgien und Abgötterei bezichtigte – das ganze Arsenal von Schauergeschichten, die Ketzern seit langem angehangen wurden. Formal war es nun der Generalinquisitor von Frankreich, Guillaume Imbert, der König Philipp IV. von Frankreich im September 1307 die Verhaftung der Tempelritter befahl und der die ersten Schritte der Untersuchung vornahm. Der Dominikaner war persönlicher Beichtvater des Königs und hatte seine Position allein Philipp zu verdanken – ein idealer Strohmann des Herrschers für dessen Vorgehen gegen die Templer. Beim Verfahren ging Philipp jedoch kein Risiko ein: Weltliche Kommissare unterwarfen die Tempelritter nach ihrer Verhaftung einer rechtswidrigen Voruntersuchung einschließlich schwerster Folter und machten sie damit gefügig. Die Inquisition als «Dienerin der Staatsgewalt» (Heinrich Finke): Eindeutig verletzte diese Rollenverteilung die Prärogative der kirchlichen

Gerichtsbarkeit. Nicht umsonst rügte Papst Clemens V. das Vorgehen scharf und bestrafte die Kollaboration Imberts mit der weltlichen Macht, indem er ihn vorübergehend vom Amt suspendierte. Auf die Dauer jedoch mußte der machtpolitisch unterlegene römische Bischof einlenken. Trotzdem spielte die Inquisition beim weiteren Fortgang der Ereignisse keine Rolle mehr, die Schlüsselpositionen in der Untersuchungskommission wurden seit Mitte 1308 von Bischöfen besetzt, die dem Monarchen ergeben waren.

Politische Motive dominieren auch im Verfahren gegen Jeanne d'Arc. 1429 hatte die Jungfrau die englische Belagerung der Stadt Orléans gesprengt und den trägen König Karl VII. zur Königskrönung und Salbung nach Reims geführt. Am 24. Mai 1430 wurde sie vor Compiègne von den Feinden gefangengenommen, im Januar 1431 stand sie in Rouen vor Gericht. Dabei handelte es sich um ein politisches Verfahren reinster Güte, mit dem die burgundisch-englische Partei den von ihr nicht anerkannten Karl VII. und die Partei der Armagnacen (Orléans) diskreditieren wollte. Anders als oft behauptet, kam der päpstlichen Inquisition hier neben Bischöfen und Vertretern der Pariser Universität nur eine Statistenrolle zu. Der gegen Jeanne geführte Prozeß endete mit dem üblichen Verdikt über rückfällige Ketzer: Tod auf dem Scheiterhaufen. Mit dessen Vollstreckung aber war das juristische Kapitel noch nicht abgeschlossen. Seit 1449 kam stotternd ein Revisions- und Rehabilitationsprozeß der Pucelle in Gang, der die formale Unzulässigkeit der Verurteilung feststellen sollte. Auch dies war ein politischer Prozeß, der Karl VII. von dem Vorwurf der Zusammenarbeit mit einer verurteilten Ketzerin und Teufelsdienerin reinwaschen sollte. Mehrere Amtsträger nahmen am Revisionsverfahren im Auftrag des Königs teil, darunter neben Kardinälen und königlichen Räten auch der Inquisitor Jean Bréhal O. P. als die «Seele der Rehabilitation». Nicht immer war das Wirken der Inquisition verderbenbringend.

Deutschland: Wie in Frankreich Robert le Bougre steht auch in Deutschland eine umstrittene Gestalt am Beginn der Inquisitionsgeschichte: Konrad von Marburg. Redegabe und Askese brachten diesen Weltgeistlichen bei seinen Zeitgenossen in hohes Ansehen, als Beichtvater der früh verstorbenen Landgräfin Elisabeth von Thüringen betrieb er deren Heiligsprechung. 1227 sicherte der Papst Konrad brieflich seine Unterstützung als Ketzerverfolger zu; er benutzte sogar den Begriff *inquisitor*, aber von gerichtlichen Befugnissen war noch nicht die Rede. Erst im Zuge seiner überregionalen Antiketzerkampagne verlieh Papst Gregor IX. Konrad im Oktober 1231 ein nicht näher spezifiziertes *officium* mit Vollmachten zur Ketzeraufspürung. Der Weltkleriker Konrad von Marburg und nicht die wenig später beauftragten Dominikanerinquisitoren (vgl. Kap. III.1) machte in den nächsten beiden Jahren durch unnachgiebigen Verfolgungseifer Furore. Mit seinen beiden Gehilfen, dem Dominikaner Konrad Tors und dem Laien Johannes, forschte er vor allem im Rheinland und in Thüringen nach Waldensern und sogenannten Luziferanern (Katharern). Wohl Hunderte solcher angeblicher Ketzer brachte er auf den Scheiterhaufen. Schnell sah er sich wachsender Kritik ausgesetzt, auch von seiten derjenigen Bischöfe, die ihn anfänglich unterstützt hatten. Als er mit einer gerichtlichen Anklage gegen den einflußreichen Grafen von Sayn scheiterte und einem Verbot des Erzbischofs von Mainz zum Trotz mit einer Kreuzzugspredigt gegen die Ketzer begann, wurde er auf dem Weg nach Marburg samt einem Begleiter erschlagen. Bereits viele Zeitgenossen, darunter der Papst und andere hohe kirchliche Würdenträger, hatten Konrads Vorgehen als Rechtsbruch kritisiert. Zum Teil galt die Empörung wohl ebensosehr der Sache wie der Person: Viele der Prozeßmaximen Konrads, etwa die Einschränkung von Verteidigungsrechten oder die Zulassung von Zeugenaussagen Tatbeteiligter, waren damals noch neu und unerhört, sollten später aber zum Standardrepertoire der Ketzerjustiz gehören (Patschovsky). Mit dem Tod Konrads von Marburg, der im Sommer 1233 erschlagen wurde, endete der Paukenschlag der Inquisition in Deutschland, ohne daß «nachfolgend ein großes Orchester eingesetzt» hätte (Kurze). Neben der Diskreditierung der Ketzerverfolgung durch einen Sonderlegaten des Papstes spielte dabei sicher auch die sich verändernde

Die päpstliche Inquisition im Mittelalter

politische Großwetterlage, die Verschlechterung des Verhältnisses zwischen Kurie und Kaiser Friedrich II., eine Rolle.

Die päpstliche Inquisition bildete in den folgenden beiden Jahrhunderten keine feste Größe im deutschen Reich. Während etwa in der österreichischen Kirchenprovinz in der zweiten Hälfte des 13. und in der ersten Hälfte des 14. Jahrhunderts die Bekämpfung der katharischen und waldensischen Häretiker ausschließlich in den Händen des Diözesanbischofes und des herzoglichen Landesherren lagen, gelang es den Bettelorden im benachbarten Königreich Böhmen am Anfang des 14. Jahrhunderts, den Bischöfen die Ketzergerichtsbarkeit für längere Zeit zu entfremden. Trauriger Höhepunkt des rund einhundertjährigen kontinuierlichen Wirkens der Inquisition in Böhmen zwischen 1318 und dem Vorabend des Konstanzer Konzils bildeten die Massenverfolgungen des Gallus von Neuhaus um 1340 in den waldreichen Gegenden Südböhmens, wo sich im Zuge des Landesausbaus des 13. und beginnenden 14. Jahrhunderts auch zahlreiche Waldenser angesiedelt hatten. Die letzte bekannte Aktion eines päpstlichen Inquisitors in Böhmen steht unmittelbar in Zusammenhang mit dem Wirken des Magisters Jan Hus, der Leitfigur einer kirchenkritischen Reformbewegung in Prag. Vier Wochen vor dessen Abreise zum Konzil in Konstanz im August 1414 stellte Nikolaus Wenceslai als päpstlicher Inquisitor dem Magister Hus eine Art Unbedenklichkeitsbescheinigung in Glaubensdingen aus, offenbar eine Gefälligkeit für König Wenzel. Der Inquisitor landete daraufhin vorübergehend im Gefängnis des Konstanzer Konzils. Jan Hus wurde verhaftet, in einem summarischen Ketzerprozeß als hartnäckiger Häretiker verurteilt und am 6. Juli 1415 dem Scheiterhaufen überantwortet. Die sich anschließenden langwierigen religiösen Auseinandersetzungen zwischen katholischer Orthodoxie und der Hussitenbewegung vollzogen sich vorwiegend auf der militärischen Ebene, in Form von Kreuzzügen bzw. bewaffneten Missionszügen. Die Inquisition sollte dabei, jedenfalls in Böhmen, keine Rolle mehr spielen.

Außerhalb Böhmens, im übrigen Deutschland, lassen sich bis weit in die zweite Hälfte des 14. Jahrhunderts nur wenige Ket-

Regionale Variationen

zerbekämpfer mit päpstlichem Legat feststellen. Die Verfolgung von Häretikern lag in den Händen der Ortsbischöfe und ihrer Amtsträger, wie etwa die Prozesse gegen freigeistige Beginen und Begarden in Straßburg am Beginn dieses Jahrhunderts zeigen. Erst seit einer Initiative Papst Urbans V. vom Oktober 1364 scheint sich die routinemäßige Besetzung der Inquisitorenämter für die meisten deutschen Kirchenprovinzen eingebürgert zu haben, so daß eine zumindest formale Kontinuität der Inquisition bis zur Reformation bestand. In den folgenden Jahrzehnten entfalteten einzelne von ihnen eine beachtliche Tätigkeit, darunter nicht nur Dominikaner. Neben Walter Kerlinger, Heinrich Angermeier und dem bischöflichen Vikar Martin von Amberg (von Prag) tat sich vor allem der Coelestiner-Ordensprovinzial Peter Zwicker hervor. In der österreichischen Steiermark soll er über 100 Ketzer zum Tode verurteilt haben. Anders gestaltete sich dagegen das Schicksal von mehr als 450 Waldensern, die er zwischen 1392 und 1394 in Stettin verhörte. Sie erschienen in der Regel freiwillig, wenn nicht sogar unaufgefordert vor dem Inquisitor und präsentierten sich reumütig und bekehrungswillig. Der Inquisitor honorierte dieses Verhalten durch entsprechend leichte Sanktionen, unter denen die öffentliche Stigmatisierung mit dem Stoffkreuz noch die schwerste darstellte. Eine erneute Inquisition in Brandenburg sollte 1458 an den Tag bringen, daß die Waldensergemeinde insgeheim fortbestand und ihre Untergrundstrukturen sogar noch ausgebaut hatte. Bei dieser erneuten Untersuchung war im übrigen neben dem zuständigen Diözesanbischof Stefan Bodecker sowie dem von ihm bestimmten Inquisitor Johann Kannemann, einem Franziskaner und Erfurter Theologieprofessor, Kurfürst Friedrich von Brandenburg selbst aktiv. Auch die Städte zogen nicht selten Ketzer vor eigene Gerichte. Gegenüber den Aktivitäten der weltlichen Gerichtsbarkeit traten die päpstlichen Inquisitoren an Bedeutung weit zurück, eine Tendenz, die bereits in die Frühe Neuzeit weist.

Von den regelmäßig ernannten päpstlichen Ketzerbeauftragten der Spätzeit haben wir, wenn überhaupt, nur sehr sporadische Nachrichten. Der letzte Inquisitor im Kerngebiet des Reiches, von dem wir ausführliche Tätigkeitsnachweise besitzen, ist Jacob von Hochstraten (ca. 1460–1527), Prior des Kölner Dominikanerklosters und als solcher zugleich Inquisitor in den Kirchenprovinzen Köln, Mainz und Trier. In Wort und Tat kämpfte er gegen die Vertreter der frühen Reformation. Bereits seit 1509 war er gegen den Humanisten Johannes Reuchlin vorgegangen, der mit dem getauften Juden Pfefferkorn in einen heftigen literarischen Schlagabtausch um den ketzerischen Charakter des Talmuds und anderer jüdischer Schriften verstrickt war. Reuchlin appellierte nach Rom und hatte zunächst Erfolg: Der Papst beauftragte den Bischof von Speyer mit der Entscheidung; dieser sprach den Humanisten vom Verdacht der Häresie völlig frei, legte dem Inquisitor die Kosten des Verfahrens auf und drohte ihm bei Ungehorsam mit der Exkommunikation. Die Humanisten bejubelten ihren Erfolg und setzten dem Inquisitor ein wenig schmeichelhaftes Denkmal in den satirischen «Dunkelmännerbriefen». Doch erwies sich der Jubel als verfrüht, die Dominikaner setzten Rom unter Druck und erreichten im Gefolge der Luthersache doch noch eine verspätete Verurteilung Reuchlins. Der protestantischen Ketzerei stellte sich in Deutschland jedoch kein Inquisitor mehr erfolgreich in den Weg. Die Gründe für die Schwäche der päpstlichen Inquisition in Deutschland sind vielfältig. Einmal war die Herausforderung der Ketzerei nicht so massiv wie im Süden, so daß die Reaktion eher moderat ausfiel und sich z.B. die institutionelle Ausprägung (Helfer, Ressourcen) in Grenzen hielt. Zum zweiten war die territoriale Zersplitterung des Reiches dafür verantwortlich, daß die Träger der Verfolgung je nach politisch-rechtlichem Kontext wechselten. Eine eher schwache päpstliche Inquisition bedeutete keineswegs die Abwesenheit von Ketzerverfolgungen.

4. Strukturen, Arbeitsweise, Grenzen

War die mittelalterliche Inquisition eine Institution? Manche Historiker bestreiten das. So spricht der Rechtshistoriker Edward Peters zwar von «den Inquisitoren» und «dem Inquisitionsverfahren», lehnt aber die Rede von «der» Inquisition als

Strukturen, Arbeitsweise, Grenzen

unhistorisch ab. Was aber versteht man unter einer Institution? Im engeren Sinn könnte man sie definieren als eine formale Organisation, die auf Dauer angelegt ist, die bestimmte Ämter und wahrscheinlich eine abgestufte Hierarchie ebenso aufweist wie ein materielles Substrat, sprich Besitz. Im weiteren Sinn faßt man unter ‹Institution› alle sozialen Gebilde, die Ordnung und Dauer besitzen bzw. eine solche dauerhafte Ordnung behaupten. Ordnung und Dauer sind nach diesem Verständnis also weniger einfach da, sondern müssen immer wieder symbolisch zur Geltung gebracht werden, um soziale Wirkung zu entfalten. Gleich, ob man ein enges oder ein weiteres Verständnis zugrunde legt, wird man der mittelalterlichen Inquisition ‹Institutionalität› nicht absprechen können. Skepsis gegenüber einer anachronistischen Verzeichnung der Inquisition als einer Super-Institution nach modern-totalitärem Vorbild erscheint dennoch berechtigt. Deswegen sollen hier neben der Struktur und der Arbeitsweise auch die zum Teil engen Grenzen inquisitorischen Wirkens zur Sprache gebracht werden.

Der institutionelle Kern der Inquisition bestand aus zwei Hauptelementen: Da war einmal der *inquisitor heretice pravitatis*, jener «vom Papst mit delegierter Gerichtskompetenz ausgestattete Ketzerverfolgungsspezialist» (Segl), der selbständig die Untersuchungen führte; und zum anderen gab es das spezielle inquisitorische Verfahren, wie es früh in den Handbüchern fixiert worden ist. Daran, daß schon bald nach dem Beginn ihrer Beauftragung die Tätigkeit der päpstlichen Sonderermittler als ein Amt (*officium*) verstanden wurde, gibt es keinen Zweifel. Von seinen Anklägern wurde z. B. Bernard Délicieux 1319 beschuldigt, eben dieses Amt beschädigt zu haben; er beharrte dagegen darauf, lediglich die Mißbräuche einzelner Inquisitoren an den Pranger gestellt zu haben. Zumindest regional bestand eine Kontinuität in der Ernennung von Inhabern dieses Amtes, ebenfalls ansatzweise eine Hierarchie in Gestalt von übergeordneten Generalinquisitoren. Vor allem in Südfrankreich und Italien besaß die Inquisition eigene Gebäude zur Abhaltung ihrer Befragungen und zur Verwahrung der Gefangenen, ebenso Archive, um ihre Protokolle zu verwahren. Überdies standen die Inquisitoren nicht allein: Sie hatten einen Stab von Helfern zur Verfügung, gelehrte Notare und Schreiber ebenso wie einfache Handlanger (*familiares*), die Hilfsdienste ausführten und dafür in den Genuß von rechtlichen Privilegien und Waffenbesitz kamen.

Verfahrensnormen: Die Inquisition war nicht bloß eine formale Organisation. Ihr eigentlicher institutioneller Kern bestand vielmehr in der Tradierung eines professionellen Know-Hows. Dazu gehörte zum einen das Spezialwissen über Merkmale, Erkennungszeichen und Gegenstrategien der einzelnen häretischen Bewegungen. Und dazu gehörte vor allem ein besonderes prozessuales Verfahren zur Ketzerbekämpfung. Inquisition, das war vor allem ein Korpus an explizit formulierten Zielen, Regeln und Praktiken, das – modifiziert – sowohl die Grenzen der päpstlichen Akteure als auch die Zeitwende zur Moderne überschritt und auch die neuzeitlichen Inquisitionen prägen sollte. Dieses tradierte Wissen der Inquisition wurde von einer ganzen Reihe von Handbüchern überliefert. Diese «Manuale» über das Vorgehen der Inquisitoren waren in der Frühzeit recht bescheiden. Das erste derartige Dokument entstand 1242 unter Federführung von Raymund von Peñaforte und umfaßt in der modernen Edition gerade einmal 10 Seiten; es regelte die Verfahrensweise der Inquisition in der aragónesischen Kirchenprovinz Tarragona. Ähnlich verhält es sich mit dem zwei Jahre später entstandenen, wegweisenden südfranzösischen *Ordo processus Narbonensis*. Dieses 1244 von Wilhelmus Raimundi und Petrus Durandi verfaßte Handbuch war der Form nach kein zusammenhängender Traktat, sondern eine Sammlung von Formularen. Mit der Zeit nahmen die Manuale an Umfang zu und wurden zu regelrechten Handbüchern.

Einer der heute bekanntesten Traktate wurde von Bernard Gui (1261/62–1331) verfaßt, Prior des Dominikanerklosters im südfranzösischen Albi, päpstlicher Nuntius und später Bischof von Lodève in den Cevennen. Gui, dessen Person Umberto Eco in seinem Roman *Der Name der Rose* verfremdete, übte 1307–1316 das Amt eines Inquisitors von Toulouse aus und war ab 1319/21 noch einmal für einige Jahre Inquisitor von Tou-

Strukturen, Arbeitsweise, Grenzen 49

louse, Albi, Carcassonne und Pamiers. Seine zwischen 1309 und 1323/25 entstandene *Practica inquisitionis haereticae pravitatis* verarbeitet diese Erfahrungen, wurde allerdings im Spätmittelalter wenig rezipiert. Anders verhält es sich mit dem *Directorium Inquisitorum* des Dominikaners und zeitweiligen Generalinquisitors von Aragón, Nicolaus von Eymerich, aus dem Jahr 1376. Als ein weitläufiges, systematisch aufgebautes Wissenskompendium stellte es ein Inquisitorenhandbuch neuen Typs dar. Der erste seiner drei Teile beschäftigt sich mit der übergreifenden Definition von Häresie und liefert sodann eine mehrschichtige Typologie der Ketzerei. Der zweite Großabschnitt gibt eine Schilderung des inquisitorischen Procedere von den ersten, informellen Nachforschungen bis hin zur Urteilsfindung. Im dritten Teil dann werden insgesamt siebzig Fragen zur Autorität und zu den Befugnissen der Inquisitoren, zum Prozeßverfahren und zur Rolle aller Beteiligten formuliert und beantwortet. Der systematische und umfassende Zuschnitt des Werkes sicherte ihm eine große Wirkung. Als erstes Inquisitionshandbuch wurde es 1503 gedruckt, 1578 glossiert und erweitert. Wie kein anderes Werk verkörpert das *Directorium* damit die institutionelle Kontinuität der Inquisition vom Mittelalter in die Neuzeit.

Bereits der *Ordo processus Narbonensis* läßt die wichtigsten Stationen des inquisitorischen Verfahrens erkennen. Es beginnt mit dem Eintreffen des päpstlichen Gesandten und einer Aufforderung an die gesamte Bevölkerung zum Bekenntnis der Schuld. Alle Volljährigen (Frauen ab 12, Männer ab 14) sollen eventuelle Vergehen an einem bestimmten Tag und Ort vor der Inquisition bekennen. Wer freiwillig und ohne namentliche Aufforderung bußwillig und aussagebereit erscheint, dem wird – falls es sich nicht um einen rückfälligen Ketzer handelt – schonende Behandlung zugesichert. Zum ersten Mal taucht hier die Gnadenfrist (*tempus gratiae*) auf, während der freiwilliges Bekenntnis mit Strafnachlaß oder gar -freiheit belohnt wird; sie sollte in Zukunft einen festen Bestandteil des Verfahrens bilden. Die Geständigen müssen nicht nur der Ketzerei abschwören, sondern zugleich den Schwur leisten, andere Häretiker zu denunzieren. Zur Befragung der Geständigen enthält das Handbuch einen reichhaltigen Fragenkatalog (*interrogatorium*) über die Ketzereien der Katharer und Waldenser: Gefragt werden soll, ob jemand einen Häretiker gesehen habe, wo und wann, wie oft und mit wem, ob er Predigten gelauscht habe, ob er einen Ketzer beherbergt oder geführt habe etc. Aussagen oder Geständnisse sollen in Anwesenheit mindestens eines Inquisitors und zweier Zeugen aufgeschrieben und notariell beglaubigt werden; alle Zeugen und Eidesleistungen sollen verschriftlicht und auch diejenigen registriert werden, die nichts gestehen wollen.

Wer nicht freiwillig gesteht, gegen den aber Indizien und Verdachtsmomente sich angehäuft haben, der soll einzeln und namentlich vorgeladen und verhört werden. Eine Verteidigung, so betont der *Ordo* ausdrücklich, sei möglich. Allerdings sollen den Verdächtigen die Namen der Zeugen – entgegen dem herkömmlichen Gebrauch – nicht angegeben werden. Das Schicksal der Verhörten soll gemeinsam mit anderen Prälaten beraten werden. Wer abschwört, erhält die Absolution, wird ggf. von der Exkommunikation befreit und erhält eine Strafe, in der Regel Gefängnis. Absolvierte Ketzer können jedoch auch zu anderen Sanktionen verurteilt werden, namentlich zum Tragen von Bußkreuzen oder zu Bußwallfahrten. Hartnäckige und rückfällige Ketzer schließlich werden definitiv exkommuniziert und an den weltlichen Arm übergeben. Die Todesstrafe ist nicht ausdrücklich erwähnt, weil die Kirche nach altem Gesetz selbst nicht nach Blut dürstet; über die tödlichen Konsequenzen der Überstellung an das weltliche Gericht kann jedoch kein Zweifel bestehen. Diese Tatsache wird auch durch die ausdrückliche Verdammung der Erinnerung an bereits verstorbene Ketzer (*damnatio memoriae*) unterstrichen, deren Knochen ausgegraben und verbrannt werden sollen.

Die zukunftsweisenden Bestimmungen des *Ordo* von 1244 sparen viele Aspekte des Inquisitionsprozesses aus, z. B. die Güterkonfiskation, die immerhin prinzipiell für rechtmäßig erklärt wird. Deutlich ist schon in dieser Fassung das enorme Ungleichgewicht zwischen der Position der Beklagten und den Anklägern, die zugleich Richter waren. Die Stellung der Beschuldigten sollte sich in der Folgezeit noch weiter verschlechtern. Die Einleitung eines Verfahrens konnte jetzt auch durch Denunziationen von Privatpersonen erfolgen. Die Bestimmung über die Geheimhaltung der Zeugennamen gegenüber dem Angeklagten, zur Sicherheit der Zeugen getroffen, konnte in der Praxis dazu führen, daß ihm auch entscheidende inhaltliche Passagen vorenthalten blieben. Und während beim üblichen Rechtsverfahren Verwandte, Minderjährige, schlecht Beleumundete, Verbrecher und Mittäter nicht zeugnisfähig waren, wurden sie im inquisitorischen Ketzerprozeß zugelassen. Die Rechte der Verteidigung und der Appellation wurden weiter eingeschränkt. Schwer wog vor allem die Erlaubnis, im Inquisitionsverfahren auch körperlichen Zwang einzusetzen, um die Ketzer zum Geständnis und zur Denunziation zu bewegen (Bulle *Ad extirpanda*, 1252). Zur Zeit Innozenz' IV. war es den Inquisitoren noch nicht erlaubt, persönlich die Folter anzuordnen bzw. dabei anwesend zu sein. Papst Alexander IV. beseitigte allerdings schon zwei Jahre später auf indirektem Wege dieses Hindernis, indem er den Inquisitoren erlaubte, sich wegen dieser Irregularität gegenseitig die Absolution zu erteilen, und ihnen damit die Aufsichtsführung über die Tortur gestattete.

Inquisitionspraxis: In der historischen Erinnerung ist die Inquisition vor allem mit grausigen Folterpraktiken verknüpft. Zweifellos hatte die Erlaubnis zur Anwendung der körperlichen Peinigung im Inquisitionsverfahren eine verheerende Wirkung. Bereits als allgegenwärtige Drohung und somit als psychisches Zwangsmittel entfaltete sie sicherlich ihre Wirkung. Allerdings hat die Inquisition die Folter keineswegs erfunden. Als Mittel zur Erzwingung von Geständnissen im Kontext von Strafverfahren war sie Bestandteil des Römischen Rechts, wurde freilich in der Antike vornehmlich – außer z. B. bei Majestätsverbrechen – gegenüber Sklaven angewandt. Als ein neues Beweismittel wurde sie von mittelalterlichen Juristen im Rahmen der Wiedererschließung des Römischen Rechts zunehmend rezipiert und ihre Anwendung auch bei Freien für legitim erklärt. Seit den 1220er Jahren wurde die Tortur zunehmend in den Statuten der oberitalienischen Stadtstaaten verankert. Von dort, vom weltlichen Recht, fand sie ihren Weg in das Inquisitionsverfahren. Die kirchliche Inquisition hatte mithin auch keineswegs ein Monopol auf die Anwendung der Folter, sie konnte prinzipiell Bestandteil jedes – weltlichen wie kirchlichen – Kriminalprozesses sein. So pervers uns die Erpressung von Geständnissen durch physische Gewalt heute erscheint, nach der zeitgenössischen Rechtsphilosophie erschien sie oft unverzichtbar: War nicht das Geständnis die Königin der Beweise? Wie sollte man ohne ein solches einen Verbrecher zu schweren Strafen verurteilen, wenn es keine Augenzeugen der Tat gab? Und existierte nicht ein rigides Regelsystem, das den Mißbrauch verhindern sollte?

Diese Regeln zeugen zugleich davon, daß bereits im Mittelalter ein großes Problembewußtsein über die Gefahren der Tortur existierte. Daß man mit ungezügelter Gewalt fast jeden zum Geständnis fast aller Verbrechen bringen könne, ist keine moderne Entdeckung. Das wußten bereits die Inquisitoren. Deshalb bezweifeln viele Historiker, daß die Folter in der Praxis eine beherrschende Stellung eingenommen hat. Der Schluß von der prinzipiellen Zulässigkeit auf die geübte Prozeßpraxis ist jedenfalls unzulässig, wie die überlieferten Prozeßakten zeigen. Die unstreitigen Erfolge der Inquisition beruhten weniger auf der unvergleichlichen Grausamkeit ihres Vorgehens als auf dem Einsatz moderner «Machttechniken» (Given). Hierzu gehörten vor allem die Nutzung des Gefängnisses, der Aufbau eines komplexen Archiv- und Registerwesens sowie ihre flexible Handhabung von Sanktionen. Das Gefängnis stellte für die Inquisitoren nicht allein ein Strafinstrument dar; sie benutzten es zugleich als ein wichtiges Druckmittel zur Erlangung von Geständnissen jenseits des direkten physischen Zwangs. Schon kurzzeitige Haft im dunklen Inquisitionsverlies machte widerstrebende Angeklagte gefügig. Durch eine wohldosierte Mischung aus Abschirmung von der Außenwelt und gezielter Desinformation konnte der Widerstandswille des Gefangenen gebrochen werden.

Daneben gehörte das Sammeln und Systematisieren von Informationen zu den wichtigsten Herrschaftstechniken der Ketzerverfolger, und nicht umsonst sind ihre Archive und Register ebenso zum Ziel feindlicher Anschläge geworden wie sie selbst.

Strukturen, Arbeitsweise, Grenzen

Mit ihrer Hilfe waren sie in der Lage, die Namen von früheren Verdächtigen aufzufinden bzw. nachzuforschen, ob ein Verdächtiger schon einmal vorgeladen oder bestraft worden war. Sie konnten Widersprüche innerhalb der Aussagen eines Verdächtigen suchen und derartige Aussagen nutzen, um Verschleierungsversuche in den Aussagen von anderen zu entlarven. Lag der konkrete Ansatzpunkt für die Informationssammlung so bei einzelnen Verdächtigen, ergab sich durch ihre Vernetzung ein kohärentes Profil ganzer Ketzergemeinden. Langfristig entstand sogar ein Kompendium häretischer Dogmatik und Praktik insgesamt. Die «Datenspeicher der Inquisition» (Scharff) waren zukunftsweisend; niemals zuvor waren derart systematisch Informationen verschriftlicht und gesammelt worden. Dadurch entstanden aber zugleich neue Probleme. Wie sollten etwa die Inquisitoren der Überfülle von Informationen Herr werden und das Wichtige vom Unwichtigen trennen? Ein Ergebnis bildeten die standardisierten Frageschemata, mit deren Hilfe eine große Masse von Befragungen schnell hintereinander bewältigt werden konnten – immerhin verhörte allein die Inquisition von Toulouse Mitte der 1240er Jahre Tausende von Personen. Ob es den Inquisitoren freilich damit gelang, die gegnerischen Lehren und Praktiken angemessen zu erfassen, oder ob sie nicht vielfach eher ihre eigenen Vorurteile reproduzierten, ist strittig.

Mittels Fangfragen oder mit dem Hinweis auf innere oder äußere Widersprüche ihrer Aussagen gelang es den Inquisitoren, die Häftlinge zu Geständnis, Kooperation oder gar Kollaboration zu bewegen. Dabei hing das Schicksal des Häftlings nicht zuletzt von der persönlichen Einstellung des Inquisitors ab. Nach kanonischem Recht mußte ein solcher mindestens vierzig Jahre alt, rechtskundig und lebenserfahren sein. In erster Linie aber sollte ein mittelalterlicher Inquisitor Geistlicher und Seelsorger sein, ein kluger Seelenarzt, der für jede Krankheit das entsprechende Heilmittel bereithielt. Zu seinen Zielen gehörte die Reinerhaltung des christlichen Glaubens ebenso wie die Rettung einzelner Häretiker vor der ewigen Verdammnis. Christliche Milde war den Ketzerverfolgern nicht fremd. Ebensogut aber konnten sie im Bewußtsein ihrer heiligen Mission skrupellos und ohne genaue Beachtung der Verfahrensregeln die Ausrottung der Ketzerei betreiben.

Urteile: Neben dem Zusammenspiel von zermürbender Kerkerhaft und geschickter Verhörstrategie war es vor allem das Sanktionsinstrumentarium der Inquisition, das ihren Erfolg ausmachte. Auch hier ging es zunächst um Reue und Buße, modern gesprochen um Gewissens- und Verhaltenskontrolle, und nicht in erster Linie um Rache und Vergeltung; nur hartnäckige und rückfällige Ketzer durften hingerichtet werden. Als flexibles Instrument der Strafzumessung stand wiederum das Gefängnis an erster Stelle. Die Länge der Haft und ihre Härte – es wurde zwischen *murus durus* und *murus largus* unterschieden – ließen sich je nach Fall fein dosieren. Dasselbe gilt für die vielfältigen privat oder öffentlich zu leistenden Bußen. Zu den wichtigsten gehörte der Zwang zum Tragen von Bußgewändern mit aufgenähten, deutlich sichtbaren gelben Kreuzen. Das bereits 1244 fixierte Verbot, die so stigmatisierten Büßer zu belästigen, deutet an, wie sehr sie dadurch der sozialen Kontrolle durch ihre Umwelt ausgesetzt waren. Das erschwerte einen Rückfall in alte häretische Gewohnheiten. Nicht selten schuf man sich damit eine zur Überanpassung bereite Gruppe von Kollaborateuren, die als *familiares* und Denunzianten der Inquisition nützliche Dienste leisteten.

Todesurteile oder präziser: die Überstellung an den weltlichen Arm, die dann unweigerlich den Scheiterhaufen nach sich zog, waren ein wichtiges, keineswegs aber ein vorherrschendes Strafmittel. So entschied Bernard Gui zwischen 1308 und 1323 ausweislich seines erhaltenen Urteilsbuches an 18 Gerichtstagen über insgesamt 930 Ketzer. Insgesamt 42 davon verurteilte er zum Tode, 307 zu dauernder Kerkerhaft. Rund einem weiteren Drittel der Delinquenten wurden öffentliche Bußleistungen oder die Stigmatisierung mit dem gelben Kreuz auferlegt. Das ist eine vergleichsweise harte Urteilspraxis, auch wenn man bedenkt, daß vielleicht ein Drittel aller derjenigen, die sich vor ihm zu verantworten hatten, freigesprochen wurden. Etliche Kollegen von Gui urteilten milder. Bernard de Caux, auch er Inquisitor von Toulouse, hatte im Jahr 1246 nachweislich 207 Urteilssprüche gefällt, darunter kein Todesurteil und lediglich 23 Gefängnisstrafen, von denen wiederum neun nicht angetreten wurden. Die Regelstrafe war das Tragen des Kreuzes. Auch Geoffroy d'Ablis, zwischen 1303 und 1316 Inquisitor in Carcassonne und damit direkter Kollege von Gui, scheint vornehmlich zeitlich begrenzte Haftstrafen ausgesprochen zu haben, mit der Konsequenz, daß viele der Bestraften später von Bischof Fournier erneut vor sein Gericht zitiert wurden. Natürlich gibt es auch Beispiele für massenhaft lodernde Scheiterhaufen. Nach dem Attentat von Avignonet und der Kapitulation der Ketzerfestung von Montségur wurden 200 Katharer dem Scheiterhaufen überantwortet; erinnert sei auch an die im Februar 1278 in der Arena von Verona verbrannten 166 Ketzer oder die Massenhinrichtungen in Südböhmen in den 1340er Jahren. Aber das war nicht die Regel: Yves Dossat hat geschätzt, daß insgesamt lediglich ein Prozent der Angeklagten vor der Inquisition mit dem Feuertod bestraft wurden.

Grenzen der Macht: Die Inquisition war eine Institution, im Ansatz sogar eine festgefügte Organisation. Aber sie war dies nicht nach dem Maßstab moderner, bürokratisierter Massenverfolgung, sondern nach der Elle mittelalterlicher Institutionalität. Stark und aktiv war die Inquisition jeweils nur für eine überschaubare Zeitdauer in einem begrenzten regionalen oder sogar lokalen Rahmen. Ihre Durchschlagskraft hing dabei entscheidend von den jeweiligen Machtkonstellationen ab, die wiederum sowohl die politische Großwetterlage der europäischen Politik als auch die regionalen Mächte betreffen konnten. Als zentralen Akteuren im Kräftespiel, das über Erfolg oder Mißerfolg der Inquisitoren entschied, kam dabei vor allem den weltlichen Gewalten, den Ortsbischöfen und der jeweiligen Bevölkerung Bedeutung zu. Was das Verhältnis zwischen Inquisition und Politik angeht, so ist auf der einen Seite die Kooperationsunwilligkeit der regionalen Eliten in Südfrankreich oder im nördlichen Italien gerade in der Anfangsphase des Antiketzerkampfes notorisch. Umgekehrt nutzten oft die zentralen Gewalten, etwa die Könige von Aragón oder die französische Krone, die Tätigkeit der Inquisitoren zur Durchsetzung ihrer politischen Zentralmachtinteressen.

Permanente Kompetenzkonflikte mit den Ortsbischöfen, den ursprünglichen Zentralakteuren kirchlicher Ketzerpolitik, durchziehen die gesamte Geschichte der Inquisition. Nach jahrzehntelangen Dauerstreitigkeiten versuchte 1311 das Konzil von Vienne mit der Formulierung der beiden Dekretalen *Multorum querela* und *Nolens* einen Weg des Ausgleichs zu finden. Das Inquisitorenamt, so wird dort ausdrücklich bestimmt, soll vom Diözesanbischof und von dem vom Apostolischen Stuhl bestellten Inquisitor gemeinsam ausgeübt werden. Beide können unabhängig voneinander vorladen und gefangennehmen. Jedoch: Die Anwendung strenger Kerkerhaft, die Folter und die Urteilssprechung ist keinem der beiden ohne Zustimmung des jeweils anderen erlaubt. Für die Gefangenenaufsicht bestellt jede Seite einen Aufseher mit Schlüsselgewalt. Derartige Regelungen konnten die Spannungen auf Dauer nicht beseitigen. So lieferte sich der bischöfliche Inquisitor Fournier bei seinen Ermittlungen im Ketzerdorf Montaillou hinter den Kulissen ein heftiges Duell mit dem päpstlichen Inquisitionstribunal in Carcassonne, bei dem beide Seiten fleißig Angehörige der Gegenpartei inhaftierten. Denn in Montaillou herrschte als «leidenschaftlicher und rachsüchtiger Dorfnapoleon» (Lambert) der Priester Petrus Clerici, ein heimlicher Anhänger der Katharer, der aber trotzdem höchst erfolgreich als Spitzel der päpstlichen Inquisition tätig war. Mit Vorliebe lieferte er den Ketzerverfolgern in Carcassonne persönliche Gegner ans Messer, und zeitweilig schaffte er es, sie erfolgreich gegen den Bischof und seine Informanten zu instrumentalisieren. Kein Wunder, daß das Verhältnis beider kirchlicher Ordnungsmächte zerrüttet war. Von ähnlichen Spannungen zeugt ein Fall aus der Frühphase der Hexenverfolgung. Von Rom kommend begann 1485/86 der Inquisitor Heinrich Institoris in Innsbruck mit Ermittlungen gegen vorgebliche Hexen; an der Kurie hatte er von Papst Innozenz VIII. die berühmte Hexenbulle *Summis desiderantes affectibus* erwirkt, die ihm den Weg zur Verfolgung von Zauberern und Hexen frei machen sollte. Bei der Er-

Strukturen, Arbeitsweise, Grenzen 57

öffnung seiner Ermittlungen zunächst noch allseits unterstützt, wurde seine Prozeßführung jedoch schnell als skandalös empfunden. Der Ortsbischof Georg Golser setzte sich an die Spitze des lokalen Widerstandes und pochte auf seine normale Amtsgewalt. Bischöfliche Kommissare erreichten mit einer Nullitätsklage schnell die Freilassung der noch inhaftierten Personen und drohten sogar damit, Institoris wegen unrechtmäßiger Prozeßführung seinerseits verhaften zu lassen. Golser selbst höhnte in einem Brief vom Februar 1486, der (fünfundfünfzigjährige) Ketzerjäger sei wohl wegen seines Alters ganz «kindisch» geworden und leide an Wahnvorstellungen. Derartige Episoden markieren Extrembeispiele und dürfen nicht dazu verführen, den Gegensatz zwischen Inquisitoren und Bischöfen zu überzeichnen. Gewöhnlich handelte es sich um einen Kompetenz- und nicht um einen Meinungsstreit. Häufig waren es gerade die Bischöfe, die sich mit dem Instrument des Inquisitionsprozesses erfolgreich auf Ketzerjagd machten. Insofern liegt der Erfolg der päpstlichen Inquisition gerade darin begründet, daß ihr Handwerkszeug sich auch von anderen, geistlichen wie weltlichen Akteuren, anwenden ließ.

Für den Widerstand der Bevölkerung gegen die Inquisition schließlich wurden bereits etliche Beispiele gebracht. Die Vielzahl konkreter Widerstandshandlungen konnte von schlichter Verweigerung, von falschen Zeugenaussagen oder dem Sich-Entziehen über die Beschimpfung des Inquisitors als «Teufel» oder «Antichrist» bis hin zur Zerstörung der Häuser, der Inquisitionsregister oder zur Ermordung der Inquisitoren reichen – keine Einzelfälle in der Geschichte der Inquisition. Gerade die erfolgreichen Attentate zeigen natürlich auch die Kehrseite des Widerstandes. Langfristig schadeten sie den Gegnern der Inquisition mehr als sie nutzten, weil Märtyrer geschaffen wurden und das entschiedenere Eingreifen der Kurie provoziert wurde. Und natürlich muß die Bedeutung des Widerstandes gegen diejenige allfälliger Kollaboration mit und Denunziation vor der Inquisition abgewogen werden. Oft zeigen die Inquisitionsprotokolle eine Fraktionierung der einheimischen Bevölkerung, die von der Inquisition erfolgreich ausgenutzt werden konnte.

Eine unabgeschlossene Geschichte: Um 1500 lassen die Historiker in der Regel das Mittelalter enden. Die mittelalterliche Inquisition überdauerte diese – eher willkürlich gesetzte – Epochengrenze vielerorts. In Frankreich existierten mindestens in Toulouse und Carcassonne weiterhin päpstliche Inquisitoren. Allerdings taten sie sich vor allem durch Konflikte bei der Ämternominierung und -vergabe hervor. Zu einer krisenhaften Zuspitzung kam es in den 1530er Jahren: Der 1531 zum Inquisitor bestimmte Arnaud de Badet mußte aufgrund einer Häresieanklage weichen, der 1536 ins Amt gekommene Louis de Rochette endete zwei Jahre später unter dem Verdikt der Ketzerei (oder Sodomie) sogar auf dem Scheiterhaufen. Wie in den übrigen Gebieten übernahm nun auch im Languedoc die königliche Gerichtsbarkeit, die bisher bereits der päpstlichen Inquisition enge Grenzen gezogen hatte, die Jurisdiktion in Ketzersachen. In Deutschland war der 1527 gestorbene Jacob von Hochstraten in Köln der letzte profilierte Vertreter der päpstlichen Inquisition. Danach wurde sie in der Rheinmetropole wohl endgültig zum Papiertiger. Auf einen überaus engagierten päpstlichen Inquisitor stoßen wir jedoch noch Mitte des 16. Jahrhunderts weiter westlich, in der südniederländischen Grafschaft Flandern, die bereits früher einen Schwerpunkt inquisitorischer Tätigkeit dargestellt hatte. Peter Titelmans (1501–1572) ging energisch gegen Protestanten vor; er verhandelte zwischen 1548 und 1566 fast 1400 Häresiefälle und war für 127 Hinrichtungen verantwortlich. Insgesamt aber blieb Titelmans – im niederländischen wie im nord- und westeuropäischen Raum überhaupt – die Ausnahme. Ketzerrepression im 16. Jahrhundert bedeutete vor allem staatliche Verfolgung. Nicht nur der Niedergang der Inquisition in vielen Teilen Europas belegt diese Behauptung, sondern auch und gerade ihre erfolgreiche Reorganisation in Spanien und Italien.

IV. Die Spanische Inquisition der Neuzeit

1. Entstehung und Entwicklung

Mit einer Bulle vom 1. November 1478 stellte Papst Sixtus IV. die Weichen für die Einsetzung von zwei oder drei Inquisitoren in der Stadt Sevilla; ihre Ernennung oder Entlassung sollte in die Verfügungsmacht der Krone von Kastilien gestellt sein. Obwohl das päpstliche Schreiben zweifellos auf eine Initiative eben dieser Krone zurückgeht, dauerte es fast zwei Jahre, bis von der Vollmacht Gebrauch gemacht wurde. Am 27. September 1480 wurden in Medina del Campo zwei Dominikaner als Inquisitoren ermächtigt. Nachdem es in Sevilla am 6. Februar 1481 zu einer ersten Verbrennung von sechs Ketzern auf dem Scheiterhaufen gekommen war, weitete sich der Aktionsradius der Inquisition sukzessive aus. Im Februar 1482 wurden sieben weitere Inquisitoren ernannt, darunter der Prior der Dominikaner von Santa Cruz in Segovia, Tomás de Torquemada OP (gest. 1498). Nach Sevilla und Córdoba kamen in den 1480er Jahren weitere Inquisitionstribunale hinzu, vorerst vornehmlich in Andalusien. Bereits 1483 wurde Torquemada in Aragón zum Generalinquisitor ernannt. 1488 etablierte sich im Zuge einer Reform der Regierungsorgane ein eigener Rat für die Inquisition (*Consejo de la Suprema y General Inquisicion*), der zunächst aus drei geistlichen Mitgliedern und einem vierten als Präsidenten bestand. Zum ersten Amtsinhaber als Generalinquisitor für Aragón *und* Kastilien wurde Tomás de Torquemada.

Die Anfänge der Spanischen Inquisition nehmen sich eher unspektakulär aus. Zu einer Zeit entstanden, die wir gemeinhin noch zum Mittelalter rechnen, war um 1480 noch kaum zu erkennen, daß es sich um einen ganz neuen Typus von Ketzerverfolgung handeln sollte, der sich in seiner Struktur deutlich von den Vorläufern abhob und eine neuzeitliche Institution darstellte. Sicherlich, es blieben die päpstliche Legitimation, die kirchlichen Rechtsbefugnisse der Inquisitoren und die generelle Anlehnung an das bewährte Verfahren. Gleichwohl handelte es sich bei der Spanischen Inquisition in erster Linie um eine staatliche Einrichtung, deren hohe Amtsträger von den weltlichen Herrschern ernannt wurden. Der Inquisitionsrat, die *Suprema*, war ein Gremium der Krone neben anderen, allerdings von herausgehobener Bedeutung: Es handelte sich zur Gründungszeit um die einzige Behörde, die die beiden spanischen Königreiche Kastilien und Aragón überwölbte und die somit – langfristig – einen wichtigen Baustein für eine neue, gesamtstaatliche Identität darstellen sollte. Schnell entwickelte sich die spanische Inquisition zu einer regelrechten Behörde mit hierarchischem Aufbau, stringentem Geschäftsgang und flächendeckender Ausbreitung im gesamten Herrschaftsgebiet der spanischen Krone. Aber nicht nur ihre Struktur war eigenartig, sondern auch die Zielgruppe, der sie ihre Entstehung verdankte. Zu beider Verständnis müssen wir auf die Vorgeschichte und die Hintergründe ein wenig näher eingehen.

Neue Inquisition, neue Zielgruppe: Die iberische Geschichte des späten Mittelalters und der beginnenden Neuzeit war politisch durch die Existenz mehrerer Königreiche gekennzeichnet. Neben dem kleinen Königreich Navarra, das lange unter französischem Einfluß stand, bevor es 1515 der Krone von Kastilien inkorporiert wurde, waren das vor allem drei Herrschaftsbereiche: Im Westen der Halbinsel lag Portugal, das mit seiner Expansion auf die Kanaren, die Azoren und Madeira an der afrikanischen Küste bereits ganz atlantisch ausgerichtet war. Die zweite bedeutende Macht, das Königreich Aragón, hatte sich mit dem Fürstentum Katalonien und dem Königreich Valencia wichtige, ehemals selbständige Gebiete einverleibt. Bereits seit Mitte des 13. Jahrhunderts gehörten die Balearen zum aragonesischen Herrschaftsgebiet, seit Ende dieses Jahrhunderts auch Sizilien; später kam Sardinien dazu, und seit 1431 gelang König Alfons V. die Eroberung des Königreichs Neapel. Damit war Aragón die eindeutige Vormacht im westlichen Mittelmeer. Von der Größe und von der territorialen Lage her war dagegen das dritte König-

Entstehung und Entwicklung 61

tum Kastilien-Leon die zentrale Macht auf der Iberischen Halbinsel; doch wurde es lange durch schwache Herrscher und innere Bürgerkriege paralysiert. 1474 aber kam Isabella (1451–1504) an die Regierung, seit 1469 verheiratet mit dem Erbprinzen von Aragón, Ferdinand (1452–1516, reg. ab 1479). Dieses Herrscherpaar, das als die «katholischen Könige» in die Geschichte eingehen sollte, trieb den inneren Ausbau eines spanischen Reiches voran; trotz einiger politisch-rechtlicher Eigenständigkeiten war die Vereinigung beider Königreiche mittelfristig besiegelt. Damit einher ging eine entschlossene Expansion nach außen. Binnen gut zehn Jahren wurde in einem harten Krieg die letzte moslemische Bastion auf der Iberischen Halbinsel erobert, das nasridische Königreich. Granada fiel 1492.

Christen, Muslime und Juden bevölkerten die Iberische Halbinsel im Mittelalter. Ihr Zusammenleben (*convivencia*) kennzeichnete in einzigartiger Weise eine politisch-religiöse Kultur, die bisweilen – wohl etwas zu schönfärberisch – als Multikulturalismus beschrieben worden ist. Koexistenz schloß jedoch heftige Konflikte nicht aus. Sie manifestierten sich etwa in den Kämpfen zwischen den Muslimen, die sich im andalusischen Königreich von Granada konzentrierten, und den Christen, die im Rahmen der *Reconquista* nach der völligen Christianisierung Spaniens strebten. Auch war das Zusammenleben nicht von Gleichberechtigung geprägt: Unter christlicher Herrschaft waren sowohl die Muslime als auch die Juden in mancherlei Hinsicht diskriminiert. Aber es gab doch ein pragmatisches Zusammenleben. Mit dem Abschluß der *Reconquista* durch die katholischen Könige am Ende des 15. Jahrhunderts sollten sich die sozio-politischen Rahmenbedingungen entscheidend ändern. Als erste waren die Juden bzw. die Christen jüdischer Herkunft betroffen.

In ganz Europa existierte seit dem 12. Jahrhundert eine wachsende Judenfeindlichkeit. Sie gipfelte 1290 in der Vertreibung aller Juden aus England; Frankreich folgte 1306. Auch im multikulturellen Spanien steigerte sich der Judenhaß seit Mitte des 14. Jahrhunderts, nicht zuletzt durch die Prediger der Bettelorden angeheizt. Die Zahl der jüdischen Gemeinden und ihrer

Mitglieder verringerte sich. Vielfach wurden die Rechte der Juden beschnitten, etwa durch Berufsverbote, Verbote des Austauschs zwischen Juden und Christen (was etwa für Ärzte fatal war) oder diskriminierende Kleidervorschriften. Am Ende des 14. Jahrhunderts kam es zu gewaltsamen Ausschreitungen. Im Sommer 1391 erlebten viele große Städte der Königreiche, etwa Sevilla, Valencia und Barcelona, schwere Judenpogrome. Wer nicht ermordet oder vertrieben wurde, den zwang man, zum christlichen Glauben überzutreten. *Conversos*: so nannte man nicht nur die vom Judentum übergetretenen Neuchristen der ersten Generation, sondern auch ihre Nachfahren. Diese *Conversos* gehörten allen sozialen Schichten an. Vielen neuchristlichen Familien aber gelang ein schneller sozialer Aufstieg in die städtischen und staatlichen Führungsschichten ebenso wie in der kirchlichen Hierarchie, der Konflikte und Konkurrenz verursachte. So gab es Mitte des 15. Jahrhunderts, etwa in Toledo, Streitigkeiten zwischen Neuchristen und altchristlichen Fraktionen. Letztere begannen, ideologisch aufzurüsten und ihre Gegner aufgrund der Herkunft zu diskriminieren.

In der spanischen Gesellschaft des Spätmittelalters verstanden sich nicht nur die Adligen als Ehrenmänner, als *hidalgos*. Die Fixierung auf die Ehre führte zu einer Ausgrenzung von Menschen, die sozial deklassiert oder andersartig erschienen. Mitte des 15. Jahrhunderts setzten Bestrebungen ein, die altchristliche Abstammung zu einem Ausweis von besonderer Ehrenhaftigkeit zu machen. Das Eindringen der Abkömmlinge von Juden und Muslimen bis in die höchsten Kreise setzte, gleichsam als Gegenreaktion, einen verhängnisvollen Diskurs über die Reinheit des Blutes (*limpieza de sangre*) in Gang. Spätestens mit der Verabschiedung eines Statutes in Toledo 1449, nach dessen Bestimmungen kein *Converso* irgendein öffentliches Amt in der Stadt Toledo einnehmen dürfe, war die Tür für diskriminierende Maßnahmen gegenüber Neuchristen weit offen. Verschiedene Institutionen nahmen in den folgenden Jahrhunderten ähnliche Statuten an: Stadträte, Universitäten, Domkapitel und Mönchsorden verweigerten den Neuchristen wegen mangelnder *limpieza de sangre* den Zugang.

Entstehung und Entwicklung   63

Unumstritten sollte die Ideologie von der Reinheit des Blutes nie sein. Viele Institutionen erließen nie entsprechende Statuten; wo sie existierten, wurden sie oft nur schleppend umgesetzt oder gar ignoriert. Und schließlich formierte sich schon früh eine entschiedene Opposition. Bereits Papst Nikolaus hatte in einer Bulle von September 1459 die Idee, Christen einzig aufgrund ihrer Abstammung zu diskriminieren, als unchristlich und irrig verdammt. Selbst die Inquisition sollte später in dieser Frage tief gespalten sein. Viele ihrer Amtsträger vertraten die Reinheitsideologie und trugen durch die Verurteilung von *Conversos* und die stetige Betonung der Gefahr des «Judaisierens» zur ideologischen Verfestigung des Feindbildes bei. Durch ihre Strafpraxis, insbesondere die Ehrenstrafen, wurde zudem die Erinnerung an Verurteilungen durch die Inquisition lebendig gehalten. In der großen Debatte über die Reinheit des Blutes seit den 1580er Jahren nahmen jedoch die Generalinquisitoren, zunächst Gaspar de Quiroga (amt. 1573–1594) und dann sein Nachfolger Fernando Niño de Guevara (amt. 1599–1602), einen sehr kritischen Standpunkt ein. Beide befürworteten weitgehende Reformen und Beschränkungen der Statuten über die Reinheit des Blutes, wurden aber von der *Suprema* überstimmt – ein ungewöhnlicher Vorgang. Das Prinzip der Reinheit des Blutes überlebte die ideologische Kontroverse an der Wende vom 16. zum 17. Jahrhundert und blieb bis ins 18. Jahrhundert hinein wirksam. Trotz seiner begrenzten praktischen Durchschlagskraft symbolisierte es ein verhängnisvolles Ausgrenzungspotential der spanischen Gesellschaft.

Zurück zur Entstehungsphase der Inquisiton, die zweifellos ein zentraler Bestandteil dieser Ausgrenzungsbestrebungen war. 1461 forderte eine Gruppe von Franziskanern, geführt durch Alonso de Espina, unter Verweis auf das französische Vorbild die Einführung einer Inquisition gegen Häretiker. Allmählich verdichteten sich die Stimmen für ein systematisches Vorgehen gegen die Neuchristen. 1477 predigte der Dominikanerprior von Sevilla, Alonso de Hoyeda, vor Königin Isabella über die Gefahr, die von den *Conversos* ausgehe; auch er forderte eine entschlossene Inquisition gegen Häretiker. 1478 bzw. 1481 schließlich gelangten die Advokaten der Verfolgung ans Ziel. Angehörige der Bettelorden spielten bei der Initiierung der neuen Inquisition somit eine Schlüsselrolle – daß ihnen als Inquisitoren in Spanien keineswegs die Zukunft gehörte, war damals noch nicht abzusehen. Was aber waren die Motive der katholischen Könige? Ferdinand und Isabella sahen sich in diesen Jahren mit inneren Unruhen ebenso konfrontiert wie mit dem langen und kostspieligen Krieg gegen das muslimische Königreich von Granada. Die Sicherung der politischen Loyalitäten stand auf der Tagesordnung, und die Herstellung bzw. Bewahrung religiöser Einheit wurde im vormodernen Europa ganz selbstverständlich als die Kehrseite dieser Medaille gesehen. Vor diesem Hintergrund läßt sich der Ausbau der Inquisition als eine Maßnahme zur inneren und äußeren Konsolidierung verstehen. Allerdings nahmen trotz des harten Vorgehens gegen angebliche «Judaisierer» andere *Conversos* weiterhin hohe Staats- und Hofämter ein. Von einer prinzipiell antisemitischen Einstellung Ferdinands und Isabellas wird man also nicht sprechen können. Gegen das Bild einer von vornherein geplanten, rassistisch motivierten und konsequent angelegten ethnischen Purifizierung der Iberischen Halbinsel spricht auch die Tatsache, daß die Masse der ehemals jüdischen Neuchristen unbehelligt blieb; man hat geschätzt, daß höchstens ein Zehntel aller *Conversos* (25 000) bis 1520 vor die Inquisitionstribunale zitiert wurden. Die unter christlicher Herrschaft lebenden Muslime blieben vorerst vollends unbehelligt. Wahrscheinlich folgte die Einrichtung der Inquisition also keinem langfristig angelegten Plan, sondern muß als eine situative Maßnahme gesehen werden, die eine Eigendynamik entwickelte und sich stufenweise radikalisierte.

Die neue, beide Kronen übergreifende Inquisition stieß namentlich in Aragón auf starke Widerstände und Vorbehalte. Aufgrund der tiefverwurzelten alten Gewohnheitsrechte (*fueros*) empfanden die Stände die Neuformierung der Inquisition als Übergriff einer fremden, eben kastilisch geprägten Einrichtung und somit als flagrante Rechtsverletzung. Namentlich die Ernennung des bereits in Kastilien tätigen Torquemada zum Generalinquisitor von Aragón, Katalonien und Valencia durch

Entstehung und Entwicklung

König Ferdinand am 17. Oktober 1483 stieß an vielen Orten seines Reiches auf erbitterte Gegenwehr, die z. T. mit militärischer Gewalt gebrochen werden mußte. Dieser Widerstand gipfelte im September 1485 in der Ermordung des Inquisitors Pedro Arbués; trotz Kettenhemd und Stahlhaube unter dem Habit wurde der Dominikaner vor dem Hochaltar der Kathedrale von Saragossa getötet. Nach dem bekannten mittelalterlichen Muster erreichte auch diese Verschwörung das Gegenteil des Erwünschten. Sie führte zu einer Dramatisierung der häretischen Gefahr und zu einer erhöhten Akzeptanz der Inquisition, die ein drakonisches Strafgericht hielt. Langfristig gelang es König Ferdinand, mit dem Instrument der Inquisition seine Autorität zu festigen und lokale Autonomien zu schwächen.

Die Verschwörung von Saragossa bringt einen anderen möglichen Entstehungsgrund der Inquisition ins Blickfeld: Gab es nicht tatsächlich ein weit verbreitetes «Krypto-Judentum» unter den Neuchristen? Lag der Gründung der Inquisition, zumindest nach den Maßstäben der Zeitgenossen, nicht das legitime Ziel der Gefahrenabwehr neuchristlicher Ketzereien zugrunde? Wohl kaum ein Problem im Umfeld unseres Themas ist bis heute so umstritten wie dieses. Historiker wie Netanjahu bestreiten grundsätzlich die Existenz einer nennenswerten Zahl von Krypto-Juden und betonen dagegen mögliche außerreligiöse Motive wie Rassismus, finanzielle Interessen oder politische Instrumentalisierung. Wäre diese Diagnose korrekt, dann hätte die Inquisition in den 1480er Jahren mit ihren Anklagen und Verfolgungen erst diejenige Gefahr konstruiert und dramatisiert, die sie zu bekämpfen vorgab. Andere (etwa Haim Beinart) setzen dagegen, daß noch für spätere Generationen von Neuchristen viele Hinweise auf ein jüdisches Untergrundnetzwerk existierten und die Anklagen keineswegs alle aus der Luft gegriffen seien. Die Wahrheit liegt wohl in der Mitte. Die Existenz einiger «Krypto-Juden» steht außer Zweifel. Die Masse der Neuchristen um 1480 aber waren wohl mehr oder minder überzeugte Christen. Das schloß Sympathien mit den Juden ebensowenig aus wie die Praktizierung eigenwilliger Riten und Überzeugungen – auch ihre altchristlichen Nachbarn lebten und dachten ja keineswegs immer so, wie die katholische Kirche es verlangte.

Zweifellos trug die Tätigkeit der Inquisition zwischen 1480 und 1492 zur öffentlichen Wahrnehmung nicht nur der *Conversos*, sondern der jüdischen Bevölkerung insgesamt als Gegengesellschaft, als gefährliche Randgruppe entscheidend bei. In dieser Frühphase waren die *Conversos* – in einer Größenordnung von über 90% – die absolut wichtigste Zielgruppe der Inquisition. Diese Fixierung auf die geheimen «Judaisierer» mußte zwangsläufig zu deren massenhafter Entdeckung führen. Häufig bekannten sich *Conversos* ohne direkten Zwang zu ihrer Sünde; wenn das Edikt der Gnade verkündet wurde, hatten die Betroffenen ja dreißig oder vierzig Tage Zeit, sich selber zu beschuldigen und nach einer leichten Buße von der Kirche wieder aufgenommen zu werden. So füllten Hunderte und Tausende bußwillige *Conversos* die Gefängnisse der Inquisition. Selbstbeschuldigung, Buße und Rehabilitation erschien ihnen offensichtlich als ein kalkulierbares Risiko, als geringer Preis für künftige Sicherheit. Vor allem konnte man sich auf diese Weise vor der Konfiskation der eigenen Güter schützen, indem man eine Geldzahlung an die Inquisitoren leistete – eine sehr willkommene Einkommensquelle für die Ketzerverfolger.

Judenvertreibung und Converso-Problem: Nach 1492 erlangte die Inquisition der *Conversos* eine neue Qualität, denn aus diesem Jahr datiert der Beschluß der Könige Ferdinand und Isabella, sämtliche Juden aus ihrem Herrschaftsgebiet auszuweisen, die sich nicht der Taufe unterwarfen. Ausweisungsbeschlüsse gegen Juden hatte es in den Jahrhunderten zuvor in vielen Teilen Europas gegeben. Stets aber waren kleine jüdische Minderheiten betroffen. In Spanien dagegen stellten die Juden trotz der Aderlässe der vorausgegangenen Jahrzehnte mindestens 80000 Menschen aller Bevölkerungsschichten, vom reichen Kaufmann über Beamte und Ärzte bis hin zu armen Handwerkern und Bauern. Der Ausweisungsbeschluß stellte die Betroffenen vor schier unlösbare Probleme. Viele von denjenigen, die in andere christliche Herrschaftsbereiche oder auch ins mus-

Entstehung und Entwicklung

limisch beherrschte Afrika gegangen waren, kehrten nach kurzer Zeit zurück und taten das, was die anderen Glaubensgenossen bereits früher getan hatten, um der Ausweisung zu entgehen: Sie ließen sich taufen.

Die Gründe für das Ausweisungsdekret sind ebenso komplex (und umstritten) wie diejenigen für die Gründung der Inquisition. Wirtschaftliche Motive scheiden weitgehend aus, denn ökonomisch erschien die Ausweisung bereits vielen Zeitgenossen als kontraproduktiv. Maßgeblich waren eher politische Motive. Es handelte sich um einen weiteren Schritt, um die staatliche und die religiöse Einheit zur Deckung zu bringen, ein Schritt zumal, der den starken rassistischen und antisemitischen Kräften Tribut zollte. Die Dramatisierung der *Converso*-Gefahr durch die inquisitorischen Verfolgungsmaßnahmen trug sicherlich ihren Teil dazu bei, nach radikalen Auswegen zu suchen. Die Folge war ein verhängnisvoller Kreislauf. Mit Vertreibungsbeschluß und massenhaften Zwangstaufen wurde nun in großem Maßstab derjenige Personenkreis produziert, der in der Folge ins Fadenkreuz der Inquisition gelangten mußte. Über Juden konnte die christliche Inquisition kaum Jurisdiktionsbefugnisse beanspruchen; waren diese aber erst einmal zum Christentum bekehrt, so stellten heterodoxe oder jüdische Praktiken einen Abfall vom christlichen Glauben dar und konnten somit als Häresie von der Inquisition verfolgt werden. Die Umstände der Zwangstaufen von 1492 legen den Schluß nahe, daß nach diesem Zeitpunkt tatsächlich ein großer Kreis von Krypto-Juden existierte. Wirkliche christliche Überzeugung wird man, jedenfalls kurz- und mittelfristig, kaum unter den massenhaft Zwangsbekehrten erwarten dürfen. Paradoxerweise verschärfte damit der Vertreibungsbeschluß gegenüber den Andersgläubigen die religiösen Verfolgungen innerhalb des Christentums und gab ihnen neue Plausibilität.

Die ersten fünfzig Jahre der Spanischen Inquisition, die Phase zwischen 1480 und 1530, waren in vielerlei Hinsicht ihre aktivste Zeit. Angaben über die absolute Zahl der Verfahren sowie über den Anteil schwerer Strafen gehen weit auseinander. Die Schätzung von 50 000 Inquisitionsopfern allein bis zum Jahr 1512 markiert wahrscheinlich eine absolute Obergrenze; jedenfalls müssen darin auch diejenigen eingerechnet sein, die freiwillig bekannten, eine leichte Buße leisteten und nicht auf einem Autodafé erscheinen mußten. Wahrscheinlich fielen insgesamt zwischen 50 und 75 Prozent aller Verfahren der dreihundertjährigen Inquisitionsgeschichte in die ersten fünfzig Jahre. In der überwältigenden Mehrzahl standen die *Conversos* in ihrem Mittelpunkt. Allein das Tribunal von Toledo beschäftigte sich in diesem Zeitraum mit über 8000 Fällen; meist endeten sie mit Begnadigungen und Geldzahlungen aufgrund des Gnadenedikts. Die Zahl der Überstellungen an den weltlichen Arm war selbst in dieser ersten Hochphase nicht dominierend, jedoch signifikant höher als später gegen alle anderen Zielgruppen; mit einigen hundert Hinrichtungen allein in Toledo ist zu rechnen. Insgesamt reichen die Schätzungen über die Zahl der in persona zum Tode Verurteilten für ganz Spanien (1481–1530) von 1500 (Monter) bzw. 2000 (Kamen) bis zu 12000 allein für Kastilien (Alpert nach dem zeitgenössischen Chronisten Hernando del Pulgar); in Valencia wurden zwischen 1484 und 1530 von 2160 «Judaisierern» 909 dem weltlichen Arm überstellt. Jenseits der konkreten Opferzahlen aber sind die mentalen Auswirkungen auf das religiöse und politische Klima des Zusammenlebens in Spanien kaum zu überschätzen; nicht zuletzt hatte die Zurückdrängung der *Conversos* aus dem öffentlichen Leben schwerwiegende ökonomische Folgen.

Ernsthaften Widerstand leisteten nicht nur die Vertreter der Neuchristen selbst und die Stände von Aragón, sondern auch viele Theologen und Intellektuelle. Sie kritisierten, daß die *Conversos* bestraft wurden, ohne zuvor fundiert in den christlichen Glauben eingewiesen worden zu sein. Im Fadenkreuz der Kritik standen auch Machtmißbrauch und Korruption mancher Inquisitoren, namentlich des Diego Rodríguez Lucero in Cordoba ab 1499. Sein Sturz führte gleichzeitig zur Absetzung des alten Generalinquisitors Diego de Deza und dessen Ersetzung durch den bekannten Reformbischof Francisco Ximenez (Jiménez) de Cisneros (gest. 1517), den Kardinalerzbischof von Toledo. Hoffnungen auf eine durchgreifende Reform der Inquisition erfüllten sich aber weder unter seiner Leitung noch unter der seines Nach-

Entstehung und Entwicklung

folgers, des niederländischen Kardinals Hadrian von Utrecht. Spätestens einige innere Aufstände, die den *Conversos* angelastet wurden, ließen die Opposition weitgehend verstummen. In den folgenden Jahrzehnten behauptete die Inquisition ihre Position, jedenfalls in Kastilien unter der altchristlichen Mehrheit, weitgehend unangefochten. Hier repräsentierte sie gewissermaßen die Mehrheitsmeinung und wurde im Zeitalter der Konfessionalisierung zu einem Symbol spanisch-katholischer Identität.

Das Königreich Portugal folgte mit einigen Abweichungen und zeitlichen Verzögerungen dem von Spanien vorgezeichneten Pfad, zumal es zwischen 1580 und 1640 ohnehin vom spanischen König annektiert und in Personalunion regiert wurde. Wie in Kastilien kannte man auch in Portugal keine mittelalterliche Inquisition. Waren die Konflikte zwischen Juden und Christen in dieser bevölkerungsarmen, aber expansiven Gesellschaft bis zum Ende des 15. Jahrhunderts eher selten, so änderte sich das mit der Vertreibung der Juden aus Spanien 1492. Durch den Zustrom von Asylsuchenden verdoppelte sich der jüdische Bevölkerungsanteil in Portugal binnen kürzester Zeit. König Manuel I. reagierte im Dezember 1496 auf die wachsenden Konflikte und Pogrome mit einem eigenen Vertreibungsedikt, das die Juden vor die bekannte Alternative Zwangstaufe oder Vertreibung stellte. Den z. T. unter unwürdigen Umständen zur Taufe genötigten Neuchristen wurde zwar für die nächsten Jahrzehnte der Verzicht auf eine Überprüfung ihrer Rechtgläubigkeit in Aussicht gestellt. Bereits 1515 allerdings erbat Manuel I. vom Papst die Genehmigung einer Inquisition für Portugal, eine Bitte, die er 1531 auf Druck seiner Untertanen erneuerte. Ein längeres Tauziehen zwischen Kurie und Krone um die jeweiligen Einflußmöglichkeiten folgte, untermalt von diplomatischen Versuchen der portugiesischen *Conversos*, die Einführung einer Inquisition zu verhindern. Mit päpstlicher Bulle vom 23. Mai 1536 wurden schließlich drei Inquisitoren für Portugal ernannt, und dem König wurde das Recht zur Benennung eines vierten zugestanden. Langfristig sollten sich im portugiesischen Mutterland drei Tribunale in Coimbra, Lissabon und Evora behaupten; außerdem wurde 1560 auf der Insel

Goa ein für Asien zuständiges Tribunal etabliert. Während dieser Inquisitionsgerichtshof notorisch für sein Vorgehen gegen andersgläubige Seeleute aus der alten Welt wurde, konzentrierte sich die portugiesische Inquisition in der Heimat noch mehr als ehemals die spanische auf die *Conversos*. 1552 wurde ihre Arbeit durch ein *regimento* strukturiert und systematisiert, das – ebenso wie die Einrichtung eines *consejo general* – erkennbar dem spanischen Modell nachgebildet worden war.

Die Verfolgung der Moriscos: Neuchristen rekrutierten sich in Spanien nicht nur aus den Reihen der ehemaligen jüdischen Bevölkerung. Im Zuge der *Reconquista* waren zahlreiche Muslime, bezeichnet als *Mudéjares*, unter christliche Herrschaft gekommen; mit dem Fall des Königreiches von Granada 1492 vergrößerte sich ihre Zahl noch beträchtlich. Eine Reihe von Vereinbarungen garantierte den Muslimen unter christlicher Herrschaft zunächst die Beibehaltung des islamischen Kultus und der eigenen Gerichtsbarkeit. Dennoch betrieb man von Beginn an eine entschiedene Christianisierungspolitik, nur die Methoden waren strittig: Reformbischof Talavera setzte auf Mission durch Überzeugung, Vorbild und materielle Anreize. Als diese Linie wenig Erfolge zeitigte, ging man unter der Ägide des Kardinals und nachmaligen Generalinquisitors Francisco Jiménez de Cisneros zu Bücherverbrennungen und ersten Zwangstaufen über. Dies provozierte u. a. in Granada erste Aufstände, die wiederum den Befürwortern einer harten Christianisierung Argumente lieferten. 1502, zehn Jahre nach der Vertreibung der Juden, wurden alle Muslime Kastiliens vor die Alternative gestellt, sich taufen zu lassen oder auszuwandern. Etliche gebildete und begüterte Vertreter dieser Gruppe verließen das Land in Richtung Nordafrika, die Masse aber ließ sich taufen und blieb.

Aus den *Mudéjares* waren *Moriscos*, Christen maurischer Herkunft, geworden. Rechtlich den Altchristen gleichgestellt, wurden sie mit einem Waffenverbot belegt und standen unter erheblichem kulturellen Assimilationsdruck, wie z.B. die Ächtung der arabischen Sprache zeigt. In den Ländern der Krone Aragón blieben sie noch anderthalb Jahrzehnte unbehelligt, bevor es ab 1519 zu ernsten Konflikten im Zusammenleben zwischen Muslimen und Christen kam. Hier kreuzten sich religiöse und soziale Spannungslinien: Im Zuge einer Erhebung altchristlicher Unterschichten in Valencia setzten diese die Zwangstaufe der großen muslimischen Gemeinde durch, um die fremdgläubigen Landarbeiter ihren Widersachern, den Adligen, abspenstig zu machen. Trotz Niederschlagung des Aufstandes wurden die Taufen weiterhin als gültig angesehen – schließlich, so lautete das schon im Fall der Juden erprobte zynische Argument, hätten die Muslime durchaus eine Wahlmöglichkeit gehabt, diejenige nämlich zwischen Taufe oder Tod. Damit war auch in Valencia und Aragón eine unumkehrbare Dynamik in Gang gesetzt, die 1525 in ein Edikt Kaiser Karls V. zur Zwangstaufe aller verbliebenen Muslime mündete. Damit war in Spanien nun eine den jüdischen *Conversos* strukturell vergleichbare Problemgruppe ehemals muslimischer Neuchristen entstanden, deren Existenz bald die Inquisition auf den Plan rufen sollte. Seit ca. 1530 sind vereinzelte *Morisco*-Prozesse zu verzeichnen, doch blieben große Verfolgungswellen vorerst aus.

Die Zurückhaltung der Inquisition hatte verschiedene Gründe. Erstens hatte 1526 Generalinquisitor Manrique – in der Tradition früherer Abmachungen – mit den Führern der *Moriscos* in Valencia ein (nicht durchweg eingehaltenes) Geheimabkommen geschlossen, nach dem die Inquisition sie für vierzig Jahre von jeglicher Verfolgung verschonen würde, falls sie sich widerspruchslos taufen ließen. Noch 1571 erklärte sich die Inquisition in Valencia gegenüber den *Moriscos* bereit, gegen eine jährliche Zahlung von 2500 Dukaten auf eine weitergehende Konfiskation zu verzichten und Geldstrafen auf eine Höhe von 10 Dukaten zu begrenzen. Mit derartigen Vereinbarungen verschafften sich die Inquisitoren eine Finanzquelle und die maurischen Neuchristen eine Atempause. Zweitens achtete der Adel peinlich auf seine ständischen Vorrechte und schirmte die mehrheitlich unter seiner Gerichtsbarkeit stehenden *Moriscos* vor der Inquisition ab. Drittens schließlich erkannte man den *Moriscos* aufgrund ihrer kulturellen und religiösen Differenz einen anderen Status zu als christlichen Häretikern und Juden. Viele

Die Spanische Inquisition der Neuzeit

Theologen plädierten für eine geduldige, längerfristig angelegte Missionsarbeit und konzedierten, daß eine kurzfristige innere Bekehrung nicht möglich war.

Erfolge dieser Mission wurden aber durch die große Solidarität unter den *Moriscos* verhindert, die – bei aller pragmatischen Anpassung an die christliche Umwelt – stolz auf den eigenen Traditionen beharrten. So nahmen die Spannungen zwischen Altchristen und den Maurenchristen mit den Jahrzehnten zu und entluden sich 1568 in Granada, wo die *Moriscos* über 50 Prozent der Bevölkerung stellten, in einem weit ausstrahlenden Bürgerkrieg, der von beiden Seiten mit ungeheurer Grausamkeit geführt wurde. 1570 unterdrückte die Zentralgewalt den Aufstand durch massiven Einsatz von Truppen. Ein Dekret befahl anschließend die Zerstreuung der granadinischen Moriscos über ganz Kastilien, zum Teil als Sklaven. Vor vielen Inquisitionstribunalen, angefangen in Granada, aber auch in Valencia, kam es in der Folge zu einer Welle von Verfahren gegen die *Moriscos*. In der zweiten Hälfte des 16. und am Beginn des 17. Jahrhunderts überstieg ihre Zahl diejenige der angeklagten *Conversos*, aber auch diejenige der Protestanten bei weitem. Wenn auch die Repression, gemessen an der Schwere der Strafen, vergleichsweise mild ausfiel, so zeigt diese Verfolgungskonjunktur doch, daß die christliche Mission durch Vorbild und Überzeugung endgültig durch Zwang und Repression abgelöst wurde. Im Zeitalter der Türkenkriege – die Seeschlacht bei Lepanto im Jahre 1571 bildete hier einen Meilenstein – wurden die *Moriscos* als fünfte Kolonne der Türken betrachtet und bekämpft. Auch auf seiten der Muslime kam es zu einer Verhärtung, nicht wenige zeigten offen ihr Verharren beim islamischen Glauben.

Seit ca. 1580 mehrten sich deshalb die Plädoyers für eine völlige Vertreibung der *Moriscos* aus Spanien. Präzedenzfall dafür war die Austreibung der Juden 1492 – allerdings mit einem entscheidenden Unterschied: Damals hatte es sich um taufunwillige Fremdgläubige gehandelt, jetzt diskutierte man die Exilierung einer Gruppe getaufter Christen! Viele Intellektuelle, darunter durchaus auch Inquisitoren, hielten deshalb eine solche Vertreibung für barbarisch und unchristlich. Durchsetzen konnten sich

Entstehung und Entwicklung 73

diese Argumente nicht; rassistische Ausgrenzungsbestrebungen, religiös-kulturelles Einheitsbestreben und ökonomisches
Gewinnkalkül – den bisher widerstrebenden Adligen wurde das
Land der zu Vertreibenden versprochen – behielten die Ober-
hand. 1609 wurde die Vertreibung dekretiert; verwirklicht
wurde sie in verschiedenen Stufen bis ins Jahr 1640. Alles in allem
trieb man ca. 300 000 *Moriscos* ins Exil; eine Minderheit von ca.
20 000 konnte mit Sondererlaubnissen als besonders privile-
gierte Gruppe oder als Sklaven bleiben, weswegen das gesamte
17. Jahrhundert hindurch einzelne Inquisitionsprozesse gegen
diese Gruppe nachweisbar bleiben. Der große Schnitt aber war
vollzogen. Auch wenn die *Moriscos* mit ca. 4 Prozent der spanischen Gesamtbevölkerung eine eher kleine Gruppe dargestellt
hatten, so war gerade dort, wo sie sich konzentrierten (etwa in
Valencia), eine ökonomische Katastrophe die Folge. Die Steuer-
belastungen stiegen und das landwirtschaftliche Produktionsni-
veau sank. Auch für die Inquisition verdüsterte sich vielerorts die
Zukunft: So beschwerten sich 1611 die Tribunale von Valencia
und Saragossa darüber, daß die Vertreibung ihren Bankrott be-
wirkt habe, weil sie die 7500 Dukaten, die sie vorher als Grund-
renten von den *Moriscos* erhalten hatten, nicht ersetzen konnten.

Protestantenverfolgung und Bücherzensur: Seit den 1520er
Jahren wurde auch die Iberische Halbinsel von den Glaubens-
kontroversen und Reformdiskussionen erfaßt, die Mitteleuropa
zu jener Zeit erschütterten und für die der Name Martin Luther
stand. Theologen und Gelehrte, z. T. mit Zugang zum königlichen Hof, befürworteten eine Kirchenreform. Viele von ihnen
waren enthusiastische Anhänger des Humanisten Erasmus von
Rotterdam (1466/69–1536), unter ihnen auch der Generalinquisitor Alfonso Manrique (gest. 1538). Diesen – vergleichsweise wohl eher kleinen – intellektuellen Kreisen drohte im
Zuge der religiösen Uniformierung in Spanien bald die Verket-
zerung als Sympathisanten Luthers. Zunächst rückten kleinere
mystische oder spiritualistische Gruppen in den Blickpunkt der
Inquisition. Da waren zunächst die Illuministen, die wegen
Alumbradismo oder *Dejamiento* angeklagt wurden. Sie strebten

nach dem völligen Sich-Versenken in Gott auf der Basis der Aufgabe des menschlichen Willens. Seit den 1520er Jahren wurden diese Zirkel von Inquisitoren verfolgt und ihre Mitglieder – eher milde – abgestraft. Auch die *beatas*, weibliche Mystikerinnen, die nicht im Schutz von Klostermauern wirkten, waren immer wieder vom Häresieverdikt bedroht. Bald gerieten auch die Gedanken, Werke und Anhänger des Erasmus in Spanien in den Ruch der Ketzerei, und zwar bereits in einer Zeit, als sie in anderen Teilen des katholischen Europa noch als Gipfel rechtgläubiger Gelehrsamkeit erschienen.

Bis Ende der 1550er Jahre gibt es allerdings kaum wirkliche Indizien dafür, daß die Lutheraner in Spanien eine größere Anhängerschaft gewinnen konnten. 1558/59 änderte sich das. Unter der Führung des Generalinquisitors Fernando de Valdés (gest. 1568) wurden in Sevilla und Valladolid Protestantengemeinden ausgehoben. Es kam zu einer relativ harten Verfolgung, zu einer Reihe von aufsehenerregenden öffentlichen Glaubensakten (*autodafés*) und etlichen Dutzend Hinrichtungen. Angeheizt wurde die Protestantenverfolgung nicht zuletzt durch Philipp II., die Regentin Juana und den alten Karl V., der nach seiner Resignation als Kaiser das Geschehen aus seinem klösterlichen Alterssitz in der Extremadura heraus ängstlich kommentierte. Nach den bösen Erfahrungen in Mitteleuropa ging es für ihn bei der Bekämpfung der lutherischen Häresie eben nicht nur um religiöse Angelegenheiten, sondern ebenso um politischen Aufruhr. Quantitativ gesehen war die Protestantenverfolgung zwischen 1559 und 1566 weniger gravierend als oft angenommen. Vielleicht wurden in diesem Zeitraum insgesamt gut hundert Personen von der Inquisition zum Tode verurteilt. Allein unter Königin Maria der Katholischen wurden in England dreimal so viele Hinrichtungen verzeichnet. Dennoch war die Wirkung der Protestantenverfolgung auf der spanischen Halbinsel nachhaltig: Zum einen konnte sich die Inquisition in diesem Zusammenhang organisatorisch weiter konsolidieren. Zum anderen stellte der Protestantismus durch seine Enthauptung keinerlei wirkliche Herausforderung mehr dar. Viele spanische Intellektuelle und Sympathisanten mit der Reformation wander-

Entstehung und Entwicklung   75

ten in der Folge aus. Wenn die Inquisition seit 1560 noch Häretiker fand und verurteilte, dann handelte es sich meistens um zugereiste Fremde, etwa um englische oder französische Seeleute, was dazu beitrug, die Spanische Inquisition im ganzen nichtkatholischen Teil Europas bekannt und verhaßt zu machen.

Auch auf dem Gebiet der Zensur bildeten die späten 1550er Jahre einen wichtigen Wendepunkt. Bereits in früheren Jahrhunderten hatte es den Versuch einer Kontrolle des geschriebenen Wortes gegeben; ebenso wurden Handschriften wie der als ketzerisch angesehene jüdische Talmud auf dem Scheiterhaufen vernichtet. Mit der Entfaltung des Buchdrucks jedoch entstand potentiell ein Massenmarkt für religiöse und damit auch für häretische Literatur. Die neuzeitlichen Ketzerverfolger standen nun vor der ungeheuren Aufgabe, nicht nur die Verfasser, sondern auch die Drucker, Händler und Leser ketzerischen Schrifttums systematisch zu kontrollieren. Während die spanische Krone Lizenzen vergab, um die Produktion erlaubter Druckerzeugnisse zu steuern, konzentrierte sich die Inquisition auf die Kontrolle verbotener Bücher. Nach dem Modell auswärtiger Vorbilder (Paris 1542, Löwen 1546) wurde im Sommer 1559 unter der Regie des Generalinquisitors Fernando de Valdés ein umfangreicher Index der verbotenen Bücher zusammengestellt und publiziert. Im Gefolge des großen Tridentiner Index von 1564 verfeinerte man in Spanien 1571 die Zensurbestimmungen. Der neue, erweiterte Index sah z. T. die «Reinigung» von Büchern von verletzenden oder häretischen Passagen vor, um sie vor dem völligen Verbot zu bewahren. Der große zweibändige Index von 1583/84 führte diese Linie ebenso fort wie die späteren Neuauflagen des 17. Jahrhunderts. Er umfaßte 2315 Werke, davon ca. 75 Prozent in lateinischer, 8,5 Prozent in kastilischer und 17,5 Prozent in anderen Sprachen verfaßt, darunter viele, die ohnehin niemals ihren Weg auf den iberischen Büchermarkt gefunden hätten.

Die Inquisition versuchte, Einfuhr und Verkauf verbotener Bücher zu verhindern. In Häfen wie Sevilla oder Barcelona beanspruchte sie das Recht, die Ladung fremder Schiffe als erste zu untersuchen. Daneben wurden Razzien in Buchläden durchgeführt. Vor allem blieb sie aber auf Anzeigen und Denunziationen aus der Bevölkerung angewiesen. Uneinheitlich gestaltete sich die Zensurpraxis aber auch wegen der widersprüchlichen Urteile der Zensoren – was der eine verbot, schlüpfte beim anderen noch durch. Die Reinigung von Büchern und Bibliotheken schließlich war ein überaus zeit- und geldaufwendiges Unternehmen. So blieb die Effizienz der Kontrollmaßnahmen begrenzt und sowohl regional als auch thematisch uneinheitlich. Das traditionelle Bild einer bedrückten und unfreien intellektuellen Kultur in Spanien ist deshalb überzogen, zumal es auch in anderen frühneuzeitlichen Staaten ein System der Bücherzensur gab. Zweifellos förderte die Inquisition mit ihrer Politik aber die geistige Isolation und die intellektuelle Selbstgenügsamkeit der Iberischen Halbinsel, trug zur Abschottung von neuen, fremden Ideen bei und verstärkte die bisweilen rassistische Züge annehmende Fremdenfeindlichkeit.

Erneute Converso-Verfolgung: Die Verfolgungspraxis der Spanischen Inquisition war, was Intensität und Zielgruppen anging, während ihrer gut dreihundertjährigen Existenz von bestimmten Konjunkturen gekennzeichnet; Jean-Pierre Dedieu hat von den «quatre temps» dieser Inquisition gesprochen. Die insgesamt 11458 zwischen 1481 und 1820 vor dem Tribunal von Valencia verhandelten Fälle z. B. verteilen sich auf ganz charakteristische Art und Weise: In den ersten fünfzig Jahren bis 1530 dominiert das Vorgehen gegen die *Conversos*. 2160 von 2354 Fällen, also 91,8 Prozent, lassen sich hier zuordnen. In der Zeit zwischen 1560 und 1620 (für 1530–1560 fehlen die Akten) stechen mit einem Anteil von 73,2 Prozent (2465 von 3366 Fällen) die Aktivitäten gegen die *Moriscos* hervor. Die verstreuten Prozesse gegen – meist auswärtige – Protestanten als dritte Großgruppe unter den Häretikern fallen zahlenmäßig in Valencia kaum ins Gewicht und bleiben auch andernorts hinter den *Converso-* und *Morisco*-Verfahren zurück. Nach 1620 konzentrierte sich die Inquisition in Valencia auf die moralischen und religiösen Defizite der altchristlichen Bevölkerungsmehrheit. Die Inquisition in Toledo hatte sich dieser Vergehen – namentlich Verbaldelikte wie

Entstehung und Entwicklung

Blasphemie – bereits seit 1530 verstärkt angenommen. Zwischen 1561 und 1620 überwogen hier allein die Anklagen wegen unorthodoxer Äußerungen, sogenannten *propositiones* (1087), diejenigen gegen neuchristliche oder protestantische Ketzer (843) bei weitem. Diese und andere Daten zeigen nicht zuletzt, wie individuell die Aktivitäten einzelner Tribunale – trotz bestimmter übergreifender Trends – waren. Das gilt verstärkt für das inquisitorische Wirken in der Neuen Welt. In Mexiko etwa waren lange lediglich einzelne Mönche oder Bischöfe als päpstlich approbierte Inquisitoren gegen gotteslästernde Konquistadoren, häretische *Conversos*, durchreisende Protestanten oder idolatrieverdächtige Indianer vorgegangen, bevor 1570 ein förmliches Inquisitionstribunal seine Arbeit aufnahm. Die mindestens tausend Prozesse, die es in den folgenden dreißig Jahren führen sollte, umfaßten vornehmlich Blasphemie- und Bigamie-Fälle, richteten sich aber auch gegen 78 – überwiegend auswärtige – Häretiker und 68 *Conversos*, von denen 13 auf dem Scheiterhaufen hingerichtet wurden.

Im 17. und frühen 18. Jahrhundert lebten im spanischen Kernland die Prozesse gegen *Conversos* wieder auf. Nach 1540 waren diese ja zunächst aus dem Focus der Inquisition geraten. Trotz eines fortbestehenden latenten Antisemitismus waren die Neuchristen relativ integriert und führten ein eher unauffälliges Leben. Das änderte sich seit den späten 1580er Jahren durch den Einfluß ihrer portugiesischen Schicksalsgenossen. Seit etwa 1540, als die portugiesische Inquisition mit ihren Autodafés gegen angebliche «Judaisierer» begann, hatte sich die Richtung des Flüchtlingsstromes umgekehrt. Waren zuvor die spanischen *Conversos* nach Portugal geflohen, so zogen nun die bisher in Portugal ansässigen Neuchristen nach Spanien, zumal nachdem Philipp II. 1580 die portugiesische und die spanische Krone in Personalunion übernommen hatte. Die Rigorosität der portugiesischen Inquisition bzw. die scheinbare Milde ihrer älteren spanischen Schwester trugen dazu ebenso bei wie die Hoffnung auf ökonomische Prosperität im spanischen Weltreich. Seit den 1590er Jahren stellten *Conversos* aus Portugal einen signifikanten Anteil der Angeklagten vor den Tribunalen der spanischen

Inquisition. Dabei gelang es den Wohlhabenderen unter ihnen diesseits und jenseits der Grenze allerdings zunächst, sich mit viel Geld auf Zeit freizukaufen. Lange Zeit profitierten sie von der desolaten Finanzlage des spanischen Staates und von der pragmatischen Politik des Herzogs von Olivares, der als königlicher Premierminister materielle Vorteile über das Ziel religiöser Uniformität stellte. Nach dessen Sturz im Jahr 1643 aber, verursacht durch außenpolitische Mißerfolge ebenso wie durch innere Aufstände und die Loslösung Portugals 1640, wurde der moderate Generalinquisitor Antonio de Sotomayor zum Rücktritt genötigt und durch den Hardliner Diego de Arce y Reynoso (gest. 1665) ersetzt. Die Befürworter eines konsequenten Vorgehens gegen die Neuchristen jüdischer Herkunft setzten sich mit ihren Schreckensbildern einer kryptojüdischen Verschwörung durch. Einmal mehr wurden die *Conversos* zur hauptsächlichen Zielgruppe der Ketzertribunale. Zwischen 1659 und 1739 richteten sich 71 Prozent der Urteile vor den spanischen Inquisitionsgerichtshöfen (2317 von 3260) gegen sie. Die Inquisition verhaftete einen nach dem anderen aus dem Kreis der reichen Kaufleute und erpreßte sie um hohe Geldsummen. Ungefähr zwölftausend neuchristliche Familien gingen ins englische oder niederländische Exil.

Die Verfolgung der *Conversos* setzte sich mindestens bis in die zwanziger Jahre des 18. Jahrhunderts fort. Dabei gingen die Verfolger durchaus selektiv vor, tasteten manchmal z. B. das Firmenvermögen von Verurteilten nicht an, um weitere wirtschaftliche Probleme zu vermeiden. Auch wäre es falsch, sich das Leben potentieller Opfer als eine Kette ununterbrochener Repression und Angst vorzustellen. Die ganze Zwiespältigkeit ihrer Existenz läßt sich etwa am Schicksal des Dr. Diego Mateo Zapata (geb. 1664) veranschaulichen, der von seiner Mutter im jüdischen Glauben erzogen worden war. Dreimal – 1678, 1692 und 1725 – wurde er im Laufe seines Lebens von der Inquisition verhaftet, verbrachte mehrere Jahre in Haft, mußte auf zwei Autodafés abschwören und verlor die Hälfte seiner Güter. Dazwischen lebte er als anerkannter und wohlhabender Gelehrter in Madrid, war Präsident der königlichen Gesellschaft für Me-

Entstehung und Entwicklung 79

dizin in Sevilla und Mitbegründer der Akademie für Medizin in
der Hauptstadt, wo er hoch angesehen 1745 starb.

Das Ende der Spanischen Inquisition: In den Jahren nach 1730
ging die Zahl der Verurteilten und Angeklagten radikal zurück.
Unter der Handvoll jährlicher Fälle vor einem Inquisitionstribunal befanden sich kaum noch Verfahren gegen Neuchristen; eher
beschäftigten sich die Ketzerjäger mit Moral, Sexualität und
Magie. Lediglich zweimal, 1763 und 1781, kam es im Anschluß
an ein Autodafé noch zu einer Ketzerverbrennung. Der zweite
Fall, die letzte Hinrichtung aufgrund eines Inquisitionsurteils,
betraf die Visionärin María de los Dolores López, die behauptet
hatte, in direktem Kontakt zur Muttergottes zu stehen und Millionen Seelen aus dem Fegefeuer zu retten. Die Geschicke der Inquisition in der Spätzeit waren vor allem von zwei Faktoren bestimmt: Da war einmal der Wille der spanischen Bourbonen-
Könige, die Ketzerverfolgungsbehörde strikt den Weisungen der
Krone zu unterwerfen und ihre Zuständigkeiten einzuschrän-
ken. Zum zweiten hatte die Inquisition mit der Aufklärung zu
tun. Der Abwehrkampf gegen die modernen Ansichten über Ver-
nunft und Menschenrechte führte zu einer konservativen Verhärtung inquisitorischer Positionen, die die Behörde gleichzeitig
der Unterstützung maßgeblicher intellektueller Eliten beraubte.

Die Schlußakkorde der Iberischen Inquisitionsgeschichte fallen in die ersten Jahrzehnte des 19. Jahrhunderts. Bereits im Krieg
mit Frankreich waren viele Güter der Inquisition von der Regierung eingezogen, ihre vormals vom Militärdienst befreiten Helfer eingezogen worden. Der französischen Okkupation und der
Einsetzung des Napoleon-Bruders Joseph als spanischem König
leistete die Mehrheit der Bevölkerung Widerstand. Nach anfäng-
licher Kollaboration mit den Besatzern schloß sich die *Suprema*
an und wurde durch ein von Napoleon persönlich unterzeichne-
tes Dekret vom Dezember 1808 verboten. Außerhalb des französischen Machtbereichs beschloß das spanische Parlament, die
Cortes, am 22. Februar 1813 ebenfalls die Aufhebung der Inquisitionstribunale; die Reinheit des Katholizismus sei bei den
Bischöfen besser aufgehoben, so hieß es zur Begründung. Bereits

im Folgejahr setzte der zurückgekehrte König Ferdinand VII. die Inquisition wieder ein. Jedoch konnte dieser Beschluß die Agonie der Ketzerverfolgungstribunale nicht durchbrechen. Nach einer zweiten – durch politischen Druck erzwungenen – Abschaffungsorder 1820 und deren erneuter Aufhebung im gleichen Jahr erklärte der Papst 1829 auf Ansuchen des Königs die Unabhängigkeit der spanischen Inquisition für beendet und übertrug alle Fälle von Ketzerei dem eigenen römischen Tribunal. Der letzte Regierungsakt war demzufolge wenig mehr als eine Formalie: Im Namen der minderjährigen Isabella II. hob die Regentin María Christina am 15. Juli 1834 die Spanische Inquisition endgültig auf. Ihr Vermögen war bereits zuvor der königlichen «Behörde für geraubtes und herrenloses Gut» zugeschlagen worden. Bereits 1821 übrigens war ihre jüngere Schwester, die portugiesische Inquisition, liberalen Reformen im Nachbarland erlegen.

2. Organisation, Verfahren und Delikte

Kreuz, Olivenzweig und Schwert schmückten das allgegenwärtige Wappen der Spanischen Inquisition. Während die letzten beiden Attribute das Gleichgewicht zwischen Gnade und gerechter Strafe symbolisierten, stand das Kreuz für den geistlichen Charakter inquisitorischer Gerichtsbarkeit. Das entsprach ihrem Selbstverständnis, aber nur zum Teil der realen Machtverteilung. Die Spanische Inquisition war zwar ein kirchlich legitimiertes Gericht, stand aber unter der vollen Kontrolle der Krone. Die Inquisitoren wurden vom König ernannt und waren von seiner Unterstützung abhängig, wenn sie auch ihre Autorität und ihre Jurisdiktionsgewalt auf den Papst stützten. Ihre Rechtsprechung reichte weit, war aber prinzipiell auch Restriktionen ausgesetzt. So konnte man gegen Entscheidungen der Inquisition an den Papst appellieren, wie die *Conversos* es im April 1482 taten. Dessen Entscheidung, alle Berufungsfälle nach Rom zu ziehen, wurde allerdings nach einer Intervention König Ferdinands

Organisation, Verfahren und Delikte

schon nach elf Tagen widerrufen. Das Beispiel zeigt die Grenzen
der päpstlichen Macht in Spanien. Kaum ein Personenkreis war
vor dem Zugriff der Inquisitoren sicher. Kontrovers war ihre
Jurisdiktionsgewalt über Ordensangehörige, aber dem eigenen
Selbstverständnis nach beanspruchten sie die Rechtsprechung
sowohl über Dominikaner als auch über Jesuiten. Exempt waren
lediglich die Bischöfe, Inhaber der ursprünglichen Gerichtsge-
walt gegen Häretiker, aber selbst hier gab es Ausnahmen, wie die
vorübergehende Verhaftung des greisen Erzbischofs von Granada, Hernando de Talavera, im Jahr 1506 und das jahrzehnte-
lange Verfahren gegen den Primas der spanischen Kirche, Bartholomé de Carranza, ab 1559 zeigen.

Haupt und Glieder: Markante Kennzeichen der Spanischen
Inquisition waren ihre bürokratischen und hierarchischen
Strukturen. Mit Torquemada war 1483 der erste Generalinquisitor für die Länder der Krone Aragón ernannt worden, der
dann ab 1488 in Personalunion auch für Kastilien zuständig
war. Er war allerdings ebensowenig das alleinige Haupt der Inquisition wie der nachfolgende Diego de Deza (abgedankt
1507, gest. 1523). Daneben amtierten zeitweilig noch andere
Generalinquisitoren. Erst unter dem von Karl V. ernannten Generalinquisitor Kardinal Hadrian von Utrecht kam es dann
1518 zu einer Wiedervereinigung, die sich als dauerhaft erwei-
sen sollte. Ebenso wie die Großinquisitoren wurden auch die
sechs übrigen Mitglieder der seit 1488 bestehenden *Suprema*
direkt vom König ernannt. Der Rat kam jeden Tag zu Beratun-
gen zusammen. Theoretisch hatte der Generalinquisitor hier
nur eine Stimme, und es kam vor, daß die *Suprema* ihren Vor-
sitzenden zu überstimmen versuchte. Jedoch beanspruchte der
Generalinquisitor als Stellvertreter des Papstes eine exklusive
und herausgehobene Stellung. Die Korrespondenz mit den lokalen Tribunalen wurde von zwei Sekretariaten, einem für Aragón
und einem für Kastilien, erledigt. Ursprünglich mußten die Tribunale nur in außergewöhnlichen Fällen der *Suprema* Rechen-
schaft ablegen. Beginnend mit den Reformen um 1560 wurde
die Berichtpflicht schrittweise ausgedehnt, bis schließlich seit

Die Spanische Inquisition der Neuzeit

Mitte des 17. Jahrhunderts alle Urteile vor ihrer Vollstreckung in Madrid bestätigt werden mußten.

Die Tendenz zur Zentralisierung schloß eine starke lokale Präsenz der Inquisition nicht aus. Zunächst waren Tribunale dort gegründet worden, wo die Ketzergefahr am größten erschien, doch mit fortschreitender Institutionalisierung wurden Zuständigkeiten abgeglichen und eine klarere regionale Struktur geschaffen. Vierzehn Tribunale verteilten sich nach dem Abschluß der Ausbauphase über das spanische Kernland. Hinzu kamen Inquisitionsstützpunkte auf Mallorca, den Kanarischen Inseln und dem unter spanischer Herrschaft stehenden Sizilien. In der neuen Welt waren zunächst bischöfliche Inquisitoren tätig, bevor in Mexiko und Lima (1569/70), dann schließlich in Cartagena (1610) eigene Tribunale gegründet wurden. Jedes der schließlich 20 Tribunale sollte mit zwei Inquisitoren besetzt sein, wobei die größeren am Ende des 16. Jahrhunderts in der Regel drei Inquisitoren hatten.

Eine weitere Eigenheit der Spanischen Inquisition – gerade in Abgrenzung zu ihren Vorläufern und der römischen Schwester – bildete die Tatsache, daß es sich bei ihren Inquisitoren um Exponenten einer bürokratischen Juristenelite handelte. Sicherlich, Tomás de Torquemada war Dominikaner, doch von einer Dominanz der Bettelorden kann insgesamt keine Rede sein. In Valencia gehörten zwischen 1482 und 1609 von 52 Inquisitoren nur sechs dem Predigerorden an. Vor allem mußte ein spanischer Inquisitor ein versierter Jurist sein; eines Theologen bedurfte es dabei nicht unbedingt, auch Laien konnten das Amt bekleiden. Die Karriere eines Inquisitors konnte von der Peripherie in die Zentrale nach Madrid führen. Das Amt konnte aber auch Meilenstein für andere hohe geistliche und weltliche Positionen außerhalb der Inquisition darstellen. Häufige Rotation stellte sicher, daß die Inquisitoren sich meist nicht aus der jeweiligen Region rekrutierten und keinen lokalen Loyalitäten, sondern nur ihren Amtsaufgaben verpflichtet waren. Neben den Inquisitoren besaßen die Tribunale einen Stab von Helfern und ein breites Netz von Unterstützern. Pro Gerichtsbezirk wird man im Schnitt mit ca. einem Dutzend fest besoldeter Amtsträger rech-

Organisation, Verfahren und Delikte

nen können, vom *procurator fiscalis*, dem amtlichen Ankläger, über Assessoren und Sekretäre bis hinunter zum Gefängnisaufseher. Dazu kamen weitere Notare, Konsultatoren und insbesondere die zahlreichen Kommissare, die sich aus dem lokalen Klerus rekrutierten; durch sie konnte die Inquisition ihre Autorität auch in weiter entfernten Orten zur Geltung bringen.

Schließlich die *familiares*, die «vertrauten» Laien: Es hatte sie bereits im Mittelalter gegeben, und auch das *Sanctum Offizium* in Rom bediente sich ihrer, aber nirgends blühte das System der Laienhelfer derart wie auf der Iberischen Halbinsel. Sie leisteten umfassende Hilfsdienste für die Inquisition, indem sie etwa nach Entflohenen fahndeten und Verdächtige verhafteten. Für die Erfüllung dieser «Drecksarbeit» (Monter) genossen sie im Gegenzug eine Reihe von Privilegien wie partielle Steuerbefreiung, das Recht, Waffen zu tragen, und dasjenige, nur vor der Inquisition abgeurteilt zu werden. Prinzipiell war die Ernennung eine Ehre, die z. T. hohen Adligen zuteil wurde. Die meisten der *familiares* waren jedoch einfache Leute, Bauern und Handwerker. Ihr zahlenmäßiges Aufkommen war unterschiedlich, z. T. wurden quantitative Höchstgrenzen festgesetzt. 1567 kam im Bezirk Valencia ein Vertrauter der Inquisition auf 42 Haushalte, während 1611 im abgelegenen Galicien das Verhältnis lediglich 1:241 betrug, wobei sich die Familiaren zudem noch in wenigen Städten und Orten konzentrierten. Die große Zahl waffentragender, von der normalen Gerichtsbarkeit befreiter Personen erweckte in der Bevölkerung vielerorts Bedenken und provozierte Kritik. Tatsächlich wurden bewaffnete Familiare für eine Vielzahl von Gewalttaten verantwortlich gemacht, die von der Inquisition nur zögernd geahndet wurden. Nicht zuletzt diese Exzesse prägten lange das Image der *familiares* als Mörder, Spitzel und Denunzianten auch in der Geschichtsschreibung. Strukturell gesehen, war dieses System der Laienhelfer ein Versuch, dem notorischen Defizit an Vollzugsmacht zu begegnen, mit dem alle weltlichen und kirchlichen Mächte in der Vormoderne zu kämpfen hatten. Privilegien und Sozialprestige für diejenigen, die sich als Arm der Inquisition zur Verfügung stellten – im alteuropäischen Rahmen war das weder ein völlig außergewöhnliches noch ein unplausibles Geschäft auf Gegenseitigkeit.

Ein in der Forschung heiß diskutierter Punkt ist die Finanzierung der Inquisition. Handelte es sich um eine räuberische Einrichtung, die sich über Konfiskationen und Strafgelder selbst alimentierte und schon allein deshalb ein starkes materielles Verfolgungsinteresse besaß? Ganz falsch ist dieses Bild nicht, bedarf aber einer starken Differenzierung nach Raum und Zeit. Die Konfiskation stellte in der Tat die im kanonischen Recht vorgesehene Standardstrafe für Häresie dar. Bereits bei der Verhaftung wurde das Vermögen der Inhaftierten beschlagnahmt, um daraus die Kosten für das laufende Verfahren zu bestreiten; auch für Freigelassene scheint es häufig nicht einfach gewesen zu sein, die Verfügungsgewalt über ihr Hab und Gut zurückzuerlangen. Waren die Verurteilten reich, dann konnten Konfiskationen beachtliche Summen einbringen. Ein schwer exakt zu bestimmender Anteil der Konfiskationssumme ging jedoch an die Krone; außerdem mußten aus dem konfiszierten Besitz bzw. Vermögen die Verfahrenskosten und eventuelle Schulden bezahlt werden. Neben Konfiskationen kamen als Einnahmequellen auch die erhobenen Geldbußen in Betracht. Bisweilen wurden auch Kompensationszahlungen geleistet, um Konfiskationen abzuwenden oder um sich die Amtsfähigkeit vom Generalinquisitor zurückzukaufen. Je nach Verfolgungskonjunktur konnten die Inquisitoren also von Verhaftungen und Bestrafungen profitieren. Eine dauerhafte finanzielle Absicherung der Inquisition war auf dieser Grundlage nicht zu erreichen, zumal mit dem Ende der ersten großen Verfolgungswellen gegen Mitte des 16. Jahrhunderts die lukrativen Opfer fehlten. Wer nun vor Inquisitionstribunale kam, namentlich die ehemaligen Muslime, war in der Regel arm.

Auf der Suche nach ständigen Einnahmequellen wurden vor allem zwei Wege beschritten. Bereits 1488 hatte der Papst dem König das Recht zugestanden, jeweils ein Kanonikat an einer Kathedrale oder Stiftskirche zur Versorgung der Inquisitoren zu benutzen. Diese Regelung wirkte modellbildend. Kirchliche Pfründe wurden eine wichtige Säule der Inquisitionsfinanzen. Die zweite ständige Einnahmequelle bildeten Grundbesitz und

Renten. Indem die Inquisitionstribunale hier investierten und gleichsam zu selbständigen, von der Krone unabhängigen Wirtschaftssubjekten wurden, machten sie sich aber gleichzeitig von der allgemeinen Konjunktur abhängig. Das konnte paradoxe Folgen haben, wie die Inquisition in Valencia Anfang des 17. Jahrhunderts zu spüren bekam: Die Vertreibung der *Moriscos* beraubte sie vieler ihrer ständigen Einnahmequellen, die zu einem guten Teil aus Feudalabgaben dieser Neuchristen bestanden hatten.

Verfahren: Erste eigene Verfahrensregeln für die Spanische Inquisition wurden bereits im November 1484 aufgestellt und in den folgenden Jahren bis 1500 ergänzt. Diesen eher unsystematischen *instrucciones antiquas* folgte erst 1561 unter der Ägide des Generalinquisitors Fernando de Valdés (amt. 1547–1566, gest. 1568) eine ausführlichere Instruktion. Sie systematisierte und vereinheitlichte das Vorgehen der Inquisitoren durchaus auf den Spuren der mittelalterlichen Tradition und sollte – bei vielfältigen Modifikationen – die entscheidende Verfahrensgrundlage bleiben. Von Anfang an war klar, daß die Inquisitoren von den festen Stützpunkten aus ihre Provinz bereisen mußten, um erfolgreich wirken zu können. Am Anfang waren diese Inspektionen keiner klaren Regelung unterworfen. Gegen Ende des 16. Jahrhunderts hatte es sich dann eingebürgert, daß an allen Orten eines Inquisitionsbezirks mindestens einmal im Jahr eine Visitation stattfinden sollte. 1570 beschloß die *Suprema*, jedes Tribunal solle einen seiner drei Inquisitoren für mindestens vier Monate im Jahr auf Visitationsreise schicken. Der Visitator wurde von einem Sekretär und einem Konstabel begleitet. Kleinere Vergehen erledigte er vor Ort, während schwerere Delikte und umfangreichere Verfahren Konsultationen mit seinen Kollegen erforderlich machten; diese Prozesse wurden deshalb an den Sitzen der Tribunale geführt, wohin Verhaftete überstellt und Zeugen geladen wurden. In der Praxis war die inquisitorische Präsenz weniger stark als die normativen Vorgaben suggerieren, häufig fanden die Visitationen unregelmäßig statt, manche abgelegenen Gegenden wurden nie besucht.

Die Spanische Inquisition der Neuzeit

Nach mittelalterlicher Tradition konnte ein Inquisitionsverfahren mit einem Gnadenedikt begonnen werden. Es listete zunächst verschiedenste Formen der Häresie auf. Diese Liste konnte aktualisiert, verändert und erweitert werden. Erst 1630 wurde eine lange Standardversion erstellt, deren Verlesung mindestens eine halbe Stunde gedauert haben muß. Das Gnadenedikt lud dann alle Sünder ein, ihr Gewissen zu erleichtern und sich (oder andere) während der Gnadenfrist – gewöhnlich binnen dreißig oder vierzig Tagen – zu bezichtigen. Das freiwillige Bekenntnis hatte einen Verzicht auf schwere Strafen zur Folge. Nach 1500 griff man dagegen meist zu einer anderen Variante der Verfahrenseröffnung, dem Edikt des Glaubens. Dabei verzichtete man auf eine Gnadenfrist und forderte alle zu Denunziationen auf – ein Vorgehen, das sich vielerorts als nur zu erfolgreich erwies. Trotz des Einsatzes von Spitzeln kamen die meisten Bezichtigungen aus dem sozialen Umfeld der Verdächtigen und hatten ihre Quelle in alltäglichen Nachbarschaftskonflikten und Streitigkeiten. Viele Selbstbezichtigungen waren als Versuche zu verstehen, den Denunziationen anderer zuvorzukommen. Aber nicht überall hatte die Inquisition so Erfolg. In manch abgelegenen Gebieten siegte die Solidarität der Eingesessenen, die herbeireisenden Untersuchungsbeamten stießen auf eine Mauer des Schweigens.

Falsche Anklagen wurden durch die Eigenheiten des Inquisitionsverfahrens begünstigt. Denunzianten und Zeugen wurden durch Geheimhaltungsvorschriften so gut geschützt wie in keinem anderen Gerichtsverfahren. Ihre Namen wurden dem Beschuldigten nicht mitgeteilt. Man wollte sie vor Racheakten schützen und ihre Aussagebereitschaft fördern. Überhaupt wurde die Geheimhaltung schnell zu einem leitenden Prinzip der Inquisition, das die Legendenbildung über ihre finsteren Machenschaften begünstigte. Eine zentrale Rolle dabei spielte das Gefängnis. Vor der Verhaftung eines Verdächtigen hatten eingehende Untersuchungen und Konsultationen zu erfolgen. Das bedeutete aber gleichzeitig, daß gegen einen Verhafteten schwerwiegende Verdachtsmomente existierten und daß er von Anfang an als schuldig galt. Bei seiner Gefangennahme wurde

Organisation, Verfahren und Delikte 87

ein Inventar seines Besitzes angelegt, als Basis für die Bezahlung der Verfahrenskosten ebensogut wie als Grundlage für eventuelle spätere Strafzahlungen und Konfiskationen. In der Regel wurden die Gefangenen in eigenen Kerkern der Inquisition untergebracht. Schauermärchen über deren Zustände wurden schon von den Zeitgenossen verbreitet und von späteren Generationen bereitwillig ausgeschmückt. Nun war ein Aufenthalt dort sicherlich alles andere als angenehm, bisweilen sogar aufgrund der Haftbedingungen tödlich; im Vergleich zu bischöflichen, königlichen oder städtischen Gefängnissen aber war die Inquisitionshaft erträglicher. Man bemühte sich um Sauberkeit, hinreichende Verköstigung (auf eigene Kosten) und Beheizung. Beschwerden wurde nachgegangen. So konnte es vorkommen, daß ein Geistlicher in bischöflichem Gewahrsam sich einzig deswegen als Judenfreund ausgab, um sich ins Inquisitionsgefängnis überstellen zu lassen.

Vielleicht schlimmer als die physischen Qualen war die psychische Belastung. Eine Besonderheit des Inquisitionsverfahrens bestand darin, den Verhafteten die Gründe zu verheimlichen. So saßen sie Tage, Wochen und manchmal Monate ohne konkrete Anklage ein. Stattdessen ermahnte das Tribunal den Angeklagten dreimal sehr allgemein, sein Gewissen zu erforschen, die Wahrheit zu sagen und der Gnade der Richter zu vertrauen. Ob schuldig oder nicht, wurde die Widerstandskraft des Verhafteten so entscheidend geschwächt. Wurde die Anklage schließlich präsentiert, dann mußte sich der Verhaftete direkt dazu äußern. Oft ergaben sich Sprachprobleme, etwa in Katalonien. In welchem Idiom auch immer die Aussagen getätigt worden waren, niedergeschrieben wurden sie in der Regel in kastilischer Sprache. In der dem Beschuldigten überreichten Klageschrift waren die Namen der Zeugen und alle auf sie hindeutenden Indizien getilgt. Dabei stellte die Anfechtung der Zeugenaussagen, etwa das Geltendmachen persönlicher Feindschaften, eine der erfolgreichsten Verteidigungsstrategien dar. Nur mußten die Namen der Zeugen eben zunächst erraten werden, und manch Angeklagter verschwendete seine Energien darauf, die Glaubwürdigkeit bestimmter Personen zu demontieren, die sich später gar

88 _Die Spanische Inquisition der Neuzeit_

nicht als Hauptbelastungszeugen entpuppten. Prinzipiell war bei einem Verfahren vor der Inquisition die Unterstützung durch einen Verteidiger möglich. Herrschte ursprünglich das Prinzip der freien Anwaltswahl, so konnten später lediglich speziell vom Tribunal nominierte Verteidiger ausgewählt werden. Deren Qualität und Handlungsspielräume sind umstritten. Aber allein die Existenz von Verteidigern hebt das Verfahren der Inquisition – wie in anderen Punkten – positiv von anderen Strafgerichtshöfen der Zeit ab.

Die Tortur als Mittel zur Erzwingung eines Geständnisses gehörte ebenso zum Prozeßinstrumentarium der Spanischen Inquisition wie bei ihren mittelalterlichen Vorläufern und bei weltlichen Gerichten überhaupt. Die Foltermethoden – vor allem das «Aufziehen» des Verdächtigen, dessen Füße mit Gewichten beschwert waren, mit einem Seilzug und die Streckbank – glichen sich ebenso wie die sehr allgemein formulierten Regeln ihrer Anwendung. Ausgeübt wurde die Folter von einem weltlichen Scharfrichter in Anwesenheit der Inquisitoren, eines bischöflichen Vertreters, eines protokollierenden Sekretärs und meist eines Arztes für Notfälle. Dauerhafte Schäden an Leib und Leben des Gefolterten sollten vermieden werden. Während die Folter in den Anfängen wenig praktiziert worden zu sein scheint, wurde sie nach 1530 eher eingesetzt, um der «Untergrundtätigkeit» möglicher Judaisierer auf die Schliche zu kommen. Immer noch kam sie aber wohl lediglich bei einem Zehntel aller Fälle zur Anwendung. Ausweislich der Protokolle stellte die Tortur für die Inquisitoren keine automatische Erfolgsgarantie dar. Bei weitem nicht alle Gefolterten gestanden; und umgekehrt waren nicht alle schwer Bestraften zuvor gefoltert worden.

Urteile und Autodafé: Das Inquisitionsverfahren konnte zügig abgeschlossen werden, sich manchmal aber auch jahrelang hinziehen. Es stellte jedenfalls keinen zusammenhängenden Prozeß im heutigen Sinn dar, sondern eine Kette einzelner Aktionen, d. h. Zeugenbefragungen, Vernehmungen und Anhörungen. Das Urteil wurde von den Inquisitoren zusammen mit einem Vertreter des Bischofs und weiteren Konsultatoren getroffen.

Organisation, Verfahren und Delikte 89

Als beratende Experten wurden häufig Rechtsgelehrte von außen hinzugezogen. Stimmten die Inquisitoren mit dem Vertreter des Bischofs überein, dann konnten die Konsultatoren aber überstimmt werden. Falls sie divergierten, mußte der Fall seit 1561 vor die *Suprema* in Madrid gebracht werden. Das Spektrum möglicher Urteile gleicht demjenigen der mittelalterlichen Inquisition. Dabei war die Möglichkeit eines Freispruches oder der Entbindung von der Instanz gegeben, doch kam dies einem Eingeständnis der Inquisition nahe, sich bei der Verhaftung geirrt zu haben. Deswegen wurde in Fällen, wo keine Überführung gelang, eher eine Prozeßunterbrechung gewählt; dabei blieb ein Angeklagter unter Verdacht, das Verfahren konnte jederzeit wieder aufgenommen werden.

Die Hauptstrafen der Spanischen Inquisition können in drei Gruppen eingeteilt werden: Abschwörung (*abjuratio*), Wiederversöhnung (*reconciliatio*) und die Überstellung an den weltlichen Arm der Justiz (*relaxatio ad brachium saeculare*). Die insgesamt häufigste und mildeste Art der Sanktion war die *abjuratio*, die je nach Schwere des Vergehens *de levi*, d. h. lediglich vor dem Tribunal im Audienzsaal, oder aber *de vehementi*, d. h. öffentlich vollzogen wurde. Dabei hatten die Betroffenen ihren Irrtümern abzuschwören und ein Treuebekenntnis zur Kirche abzulegen. Neben geistlichen Bußen kamen für sie aber noch eine ganze Reihe teils gravierender Nebenstrafen in Betracht. Attraktiv für die Inquisition waren Geldbußen, die ihr selbst zugute kamen. Das Tragen des Büßergewandes (*sanbenito*, von *saccus benedictus*, geweihter Sack/Kittel) mit dem roten Andreaskreuz war eine weitere Strafmöglichkeit; es konnte für eine bestimmte Zeit oder aber lebenslang verordnet werden, mit der Möglichkeit der Begnadigung oder Ablösung durch eine Geldzahlung. Auch Verbannungen konnten die *abjuratio* ergänzen.

Härtere Sanktionen zog in der Regel – trotz des milde klingenden Begriffs – die Rekonziliation nach sich. Sie betraf Personen, die einer offenkundigen Ketzerei schuldig waren, aber Reue zeigten und um Gnade baten. Neben dem feierlichen Abschwören der Häresie mußten sie ihr Abweichen von der Orthodoxie etwa mit öffentlicher Prügelstrafe, Gefängnis oder gar mit der Überstellung zum Galeerendienst sühnen, verbunden häufig mit Konfiskation von Gütern. Am gefürchtetsten war zweifellos der Galeerendienst, wobei die Strafe meist auf Zeit angelegt war und durchaus reale Rückkehrchancen barg. Sehr große Differenzierungsmöglichkeiten bot die Haft: *Carcer perpetuus* bedeutete gewöhnlich eine dreijährige Gefängnisstrafe, wer zu *carcer perpetuus irremissibile* verurteilt wurde, war in der Regel länger eingesperrt, wobei die Entscheidung über die Entlassung wiederum vom Urteil der Inquisition über Vergehen und «Führung» des Häftlings abhing – eine der vielen modern anmutenden Aspekte der Inquisition. Mit der Hinrichtung schließlich waren – wie bereits im Mittelalter – vor allem zwei Gruppen von Angeklagten bedroht, nämlich die Unbußwilligen und die Rückfälligen. Der weltliche Arm vollstreckte diese Strafe wiederum auf zwei Arten: Reuige wurden vor dem Verbrennen – als Gnadenakt – erwürgt, andere unbarmherzig bei lebendigem Leibe verbrannt. Viele, wenn nicht die Mehrzahl der Todesurteile wurden allerdings in Abwesenheit (*in effigie*) oder *post mortem* vollstreckt.

Das quantitative Profil der Strafen läßt sich aufgrund der summarischen Berichte (*relaciones de causas*) der lokalen Tribunale an die Madrider Zentrale näher bestimmen, deren Zahlen durch Forschungen zu einzelnen Bezirken (Toledo, Valencia oder Galicien) ergänzt werden. Gut jeder fünfte unter den verurteilten *Conversos*, so schätzt man, wurde zwischen 1481–1530 exekutiert, und auch bei den verfolgten Protestanten lag zwischen 1560–1620 die Hinrichtungsquote über zehn Prozent. Ansonsten betrug der Anteil der Todesstrafen lediglich ein bis zwei Prozent. Von den rund 44 000 in den Relationen zwischen 1540 und 1700 aufscheinenden Personen wurden 826 Personen (1,8 %) hingerichtet. Die Masse der Urteile enthielt Rekonziliations-Strafen oder gar nur leichtere Bußen, die etwa in Galicien zwei Drittel aller Sanktionen umfaßten.

Am Schluß des Inquisitionsverfahrens stand der Akt des Glaubens (*auto de fé*), bei dem jeder Verurteilte zu erscheinen hatte. In seinem Zentrum standen Urteilsverkündigung und Abschwörung der Penitenten. In leichteren Fällen konnte es sich um einen

nichtöffentlichen Glaubensakt (*auto particular*) handeln, der die
Reputation der Verurteilten nicht beschädigte. Die übrigen wurden einem öffentlichen Autodafé unterworfen. Seine feierliche
Ausgestaltung machte es zunehmend zum markanten Kennzeichen der Spanischen Inquisition, die sich in diesem Punkt sowohl
von den mittelalterlichen Vorläufern als auch von der römischen
Schwester unterschied. Als symbolische Inszenierung und Vor-
wegnahme des Jüngsten Gerichts bekräftigte es die Identifizie-
rung der katholischen Mehrheitsgesellschaft mit dem Katholizismus allgemein und mit der Inquisition im besonderen. Das
Autodafé wurde zum schlagkräftigen Propagandainstrument für
die Rechtgläubigkeit und verkörperte den Triumph über die Ketzerei. Bei vielen ausländischen Beobachtern wurde es umgekehrt
zum Inbegriff von Tyrannei und religiösem Gewissenszwang,
obwohl öffentliche Strafspektakel in allen Ländern des frühneuzeitlichen Europa bekannt und beliebt waren.

Gewöhnlich wurde ein Autodafé von langer Hand vorbe-
reitet; es versammelte Verurteilte aus den unterschiedlichsten
Verfahren. Mindestens acht Tage vorher mußte es verkündet
werden, aber nicht selten paradierten bereits einen Monat zuvor die Familiaren der Inquisition durch die Straßen und kün-
digten das Spektakel an. Die Präsenz hoher geistlicher und
kirchlicher Würdenträger sollte so ebenso gesichert werden wie
der breite Zuspruch aus dem Volk. Von weither strömten Zu-
schauer herbei und gaben dem Glaubensakt den Charakter
eines Volksfestes. Vor allem im Zuge der Protestantenverfolgung Ende der 1550er Jahre fällt eine Phase feierlicher Ausgestaltung des Zeremoniells. Signalwirkung kam dabei dem im
Mai 1559 veranstalteten Autodafé in Valladolid zu: Angeblich
waren 200 000 Personen zu diesem Anlaß zusammengeströmt,
darunter auch die Prinzessin-Regentin Dona Juana und der Infant Don Carlos. Auf dem Höhepunkt inquisitorischer Aktivitäten konnte ein *actus fidei* regelmäßig ein- oder gar zweimal
im Jahr stattfinden und sich über Tage hinziehen. Seine hohen
Kosten und bisweilen auch der Mangel an verurteilten Ketzern
führten aber gerade in der Spätzeit dazu, daß die öffentlichen
Glaubensakte unregelmäßig stattfanden.

In feierlichen Prozessionen zogen die Akteure des Autodafé zum Platz des Geschehens, wobei die Sphäre der Rechtgläubigkeit und die Sphäre der Büßer und Verdammten streng geschieden waren: Zuerst gab es einen Zug der Adligen, Honoratioren und Bruderschaften, dann folgten die Verurteilten, schließlich die Gruppe der Inquisitoren mit ihrem Troß. Die Penitenten wiederum waren nach der Schwere ihrer Strafen geordnet, wobei diejenigen mit leichten Sanktionen die üblichen *Sanbenitos* trugen, während auf den Büßergewändern der zu schweren Strafen Verurteilten Flammen und andere Symbole zu sehen waren; zusätzlich trugen sie eine papierne Ketzermitra mit weiteren Abbildungen, die ihre Vergehen versinnbildlichten. Während die Todeskandidaten drei Tage im voraus über ihr Schicksal informiert wurden, konnten die anderen Delinquenten oft erst an ihrem Platz in der Prozession die ihnen zustehende Strafe ablesen. Der Glaubensakt selbst fand in großen Kirchen statt oder auf zentralen Plätzen wie der Plaza Mayor in Madrid und Valladolid. Oft waren hier aufwendige Tribünen errichtet worden. Nach einer Messe und der Predigt, wobei häufig traditionelle antijüdische Stereotype variiert wurden, folgte ein Treueid aller Anwesenden gegenüber der Inquisition. Kern der Veranstaltung war die Verlesung der Urteilssentenzen, die detailliert für jeden Einzelfall Vergehen und Strafe darlegten. Als Finale folgte das Ritual der Abschwörung, bei der die Büßer wieder in die christliche Gemeinschaft aufgenommen wurden. In direktem Anschluß daran, aber an einem anderen Ort (gewöhnlich vor der Stadt) und unter der Ägide der weltlichen Obrigkeit schlossen sich etwaige Hinrichtungen an. Auf verschiedenste Art wurde die kollektive Erinnerung an die Glaubensakte bewahrt, etwa durch Flugblätter, vor allem aber durch die Ausstellung der *Sanbenitos* in den jeweiligen Pfarrkirchen – Sinnbild für die trotz Rekonziliation befleckte Ehre der Ketzer und für den Sieg der Rechtgläubigkeit.

Aus der Rückschau erscheint das Verfahren der Spanischen Inquisition nach den Maßstäben der Zeit weder als besonders grausam und menschenverachtend noch weniger rechtsförmig als das vor anderen Gerichtshöfen. Im Gegenteil heben sich, wie wir gesehen haben, gewisse Elemente sogar positiv ab. Dennoch wäre es leichtfertig, den schlechten Ruf bei den Zeitgenossen lediglich als falsches Bewußtsein abzutun. Neuchristen und Nichtkatholiken hatten allen Grund, sich vor der Inquisitionsjustiz zu fürchten. In der ersten Phase ihrer Existenz und erneut im 17. Jahrhundert verfolgte sie vielerorts insbesondere die *Conversos* unerbittlich und bestrafte sie außerordentlich hart. Dabei neigte sie zumindest zum Teil dazu, die Delikte, die sie bestrafte, erst im Laufe des Verfahrens zu konstruieren. Dazu kam die Bedrohung der Verdächtigen mit Güterkonfiskationen. Geheimhaltung schließlich war zwar das Charakteristikum jedes von Amts wegen betriebenen Ermittlungsverfahrens im vormodernen Europa. Aber die Obsession der Spanischen Inquisition in dieser Richtung war besonders ausgeprägt und leistete einer – positiven wie negativen – Mythologisierung Vorschub.

Religiöse Disziplinierung der Altchristen: Das Autodafé zeigt anschaulich, wie sehr die Inquisition die spanische Mehrheitskultur verkörperte. Aber es gibt auch eine Kehrseite: Die Bewahrer der Rechtgläubigkeit setzten sich nicht nur auf die Spur von herkömmlichen Häretikern, verkappten Juden, Muslimen oder Protestanten. Mehr als ihre Vorgängerinnen wuchs sie auch in die Rolle eines Gerichtshofes zur Ahndung religiöser Abweichung unter den Altchristen hinein und nahm damit Funktionen wahr, die in anderen Regionen Europas von geistlichen Gerichten oder der weltlichen Obrigkeit ausgeübt wurden. Tatsächlich wurden sechs von zehn Personen zwischen 1560 und 1700 nicht wegen krypto-jüdischer, krypto-muslimischer oder protestantischer Neigungen, sondern wegen Vergehen wie Gotteslästerung, häretische Äußerungen, Aberglauben oder schlicht Bigamie angeklagt.

Den größten Posten bildeten dabei die Verbaldelikte. Nahezu ein Drittel aller zwischen 1578 und 1635 vor der Inquisition in Barcelona angeklagten Personen waren in Schwierigkeiten nicht, weil sie etwas Falsches getan, sondern weil sie etwas Falsches gesagt hatten – kein Wunder in einer Epoche, wo kraftvollen Worten wie Flüchen oder auch Segenssprüchen reale Wirkungen zugeschrieben wurden. Verbaldelikte wurden von der Inquisition meist unter dem Rubrum *propositio*, also etwa häretische Thesenbildung, geführt. Den größten identifizierbaren Einzelposten stellten dabei Gotteslästerungen dar, nach der traditionellen Definition der Theologen die Beleidigung Gottes und seiner Helfer. Vor dem Tribunal von Toledo wurden Mitte des 16. Jahrhunderts Hunderte, wenn nicht Tausende von Lästerern angeklagt und – meist milde – bestraft. Ein zweites wichtiges Segment der inquisitorischen Ermittlungen betraf die populäre Magie, die vielfältigsten Formen von Segenssprecherei, Wahrsagen, Schatzgraben, Heilmagie bis hin zur Zauberei und Hexerei – ein Komplex, der uns später gesondert beschäftigen soll.

Einen dritten großen Block religiöser Devianz schließlich stellten die Sitten- und Sexualdelikte dar. Als «einfache Unzucht» wurde die Überzeugung bestraft, daß Geschlechtsverkehr zwischen Unverheirateten keine Sünde darstellte und Männer nicht entehrte. Die Existenz von Bordellen, die bis weit ins 17. Jahrhundert geduldet wurden, war eine stete Quelle der Übertretung dieser moralischen Norm. Ebenfalls in die Zuständigkeit der Inquisition fiel die Bigamie, ein Delikt, das im vormodernen Europa häufig vorkam – vielleicht nicht weiter überraschend angesichts fehlender Scheidungsmöglichkeiten und mangelnder Möglichkeiten zur überregionalen Fahndung nach entlaufenen Ehemännern und -frauen. Schließlich wurden von der aragonesischen Inquisition in außergewöhnlicher Vielzahl die verschiedenen Formen der Sodomie geahndet, worunter die Zeitgenossen alle Formen unnatürlicher Sexualität verstanden, also vor allem Homosexualität, aber auch sexuellen Verkehr mit Tieren. Allein in Saragossa wurden zwischen 1571 und 1579 über einhundert Männer der Sodomie angeklagt, übrigens ausnahmslos Ausländer! Zwischen 1570 und 1630 kamen insgesamt 923 Personen deswegen vor die Inquisitionstribunale von Saragossa, Valencia und Barcelona; davon wurden 170 zum Tode und weitere 288 zur Galeere verurteilt. Die Hinrichtungen wegen Sodomie allein machen damit über die Hälfte aller in den Archiven der *Suprema* überlieferten Exekutionen durch diese drei Gerichtshöfe aus.

Organisation, Verfahren und Delikte

Alle der beschriebenen Delikte konnten prinzipiell auch in die Zuständigkeit weltlicher Gerichte fallen, von den konkurrierenden geistlichen, etwa bischöflichen, Jurisdiktionsgewalten ganz zu schweigen. So unterschied das Handbuch des Nikolaus Eymericus z. B. zwischen einfacher Gotteslästerung, die weltlich gestraft werden solle, und *blasphemia haereticalis*, die vor das Inquisitionstribunal gehöre. Tatsächlich aber hatten die meisten Flucher und Lästerer, die vor den Inquisitoren landeten, keinerlei ketzerische Intentionen. Die zumeist milden Strafen der Ketzerrichter bezeugen, daß diesen das sehr wohl bewußt war. Handfeste materielle Interessen mögen eine Ursache für diesen jurisdiktionellen Imperialismus gewesen sein. Nachdem seit etwa 1530 die primäre Zielgruppe der *Conversos* geschrumpft war, sah sich die Inquisition von Toledo nach neuen Opfern um und begann in den Jagdgründen bischöflicher und anderer Gerichte zu wildern. Insgesamt aber ordnet sich das Vorgehen der spanischen Inquisition auf den geschilderten Feldern in das Tätigkeitsprofil aller geistlichen wie weltlichen Gerichte ein, die als Transmissionsriemen zur Durchsetzung rechtgläubigen Denkens und Handelns im Zeitalter der Konfessionalisierung eingesetzt wurden. In ganz Europa läßt sich bis weit in die Frühe Neuzeit ein Abweichen der populären Religion und Frömmigkeitspraxis von der theologisch sanktionierten Elitenkultur beobachten. Und überall waren die Konfessionen – die Protestanten etwas früher, die Katholiken etwas später – damit beschäftigt, eine «Fundamentalverchristlichung» (Delumeau) des Alltagslebens zu erreichen. Auch die spanische Inquisition beteiligte sich an diesem Vorhaben, wobei sie sich besonders auf die Laien konzentrierte, die bischöflichen Institutionen eher auf den Klerus. Im Bemühen um umfassende religiöse Disziplinierung und Formierung einer katholischen Identität ging ihr Wirken so weit über die bloße Ketzerbekämpfung hinaus.

V. Die Römische Inquisition der Neuzeit

Die mittelalterliche Inquisition – obwohl faktisch nur in einigen Regionen zur Entfaltung gekommen – verkörperte den universalistischen Anspruch der Papstkirche. Dieser Anspruch bestand über die Epochengrenze hinweg fort, wurde jedoch in der Realität mehr denn je durch verschiedene Machtfaktoren in Frage gestellt. Dazu zählt nicht allein der Protestantismus, der sich nicht mehr als «Ketzerei» regional begrenzen und besiegen ließ, sondern sich in halb Europa als neues, konkurrierendes christliches Bekenntnis etablierte. Mindestens ebensosehr wurde der Anspruch des Papsttums durch das Selbstbewußtsein weltlicher Herrscher überall in Europa untergraben, die keinerlei Unterordnung unter die geistliche Gewalt der Kurie mehr hinnehmen wollten. In Frankreich ernannte der Monarch de facto seine Bischöfe, besteuerte die Kirche und schränkte die kirchliche Gerichtsbarkeit ein (Gallikanismus), in England wurde der König mit der Suprematsakte von 1534 zum Oberhaupt der Kirche. Letztlich verkörperte auch die Spanische Inquisition – obwohl von der Legitimität des Papstes gedeckt – die Dominanz der weltlichen Gewalt und somit die auseinanderstrebenden Tendenzen des katholischen Christentums. Die neue, römische Inquisition des 16. Jahrhunderts trug diesen Entwicklungen Rechnung, indem auch sie einen italienisch-partikularen Zug besaß und sich ihre Modernisierung gleichsam mit einer Regionalisierung «erkaufte».

Voraussetzungen und Entstehung: Im 15. Jahrhundert hatte – neben einer Fülle von Klein- und Kleinststaaten – die Pentarchie von Mailand, Venedig, Florenz, Neapel und Kirchenstaat das politische Kräftespiel auf der italienischen Halbinsel bestimmt. Seit dem Italienfeldzug Karls VIII. 1494 rangen insbesondere die auswärtigen Mächte Frankreich und Habsburg-Spanien um die Vorherrschaft, wobei sich letztere schließlich – zunächst im Süden, dann auch im Norden – durchsetzte. Mit dem Frieden von Cateau-Cambrésis 1559 begann eine längere Phase spanischer Vorherrschaft. Nur langsam konnte sich der Kirchenstaat von den Wirren der Kriege erholen und unter Leitung der Päpste innerlich reorganisieren. Territorial erscheint er Mitte des 16. Jahrhunderts so geschlossen wie selten, doch war er durch zahlreiche Privilegien und Partikularrechte zerrissen. Sie zu überwinden und das eigene Territorium zu einem frühmodernen Staat zu machen, war eine der wichtigsten Aufgaben des Papstes als Herrscher über eine italienische Mittelmacht. Zugleich sah er sich – in dieser Funktion und zugleich als Oberhaupt der Christenheit – mit der fundamentalen Herausforderung des Protestantismus konfrontiert.

Das Bedürfnis nach Kirchenreform war nicht nur im vorreformatorischen Mitteleuropa, sondern auch in Italien verbreitet. Eine Reaktion darauf war die Gründung neuer geistlicher Gemeinschaften wie der Theatiner, der Kapuziner und insbesondere der Jesuiten. Entscheidende Impulse zur Erneuerung («Gegenreformation») gingen auf längere Sicht vom 1545 nach Trient einberufenen Konzil aus. Gerade in Italien setzte ein erfolgreicher Prozeß der inneren Mission ein, die sich z. B. in der Reformation des Klerus, in der Gründung von Laienbruderschaften und in der Reorganisation christlicher *caritas* niederschlug. Um die protestantische Häresie von Südeuropa fernzuhalten, wurde zu Beginn der 1540er Jahre aber auch über eine Intensivierung der Repressionsmaßnahmen gegen Glaubensabweichler nachgedacht. Wie ein Fanal erschien es, als 1542 der Ordensgeneral der Kapuziner, Bernardino Ochino (1487–1564), aus Italien nach Genf flüchtete und zum Protestantismus konvertierte. Im gleichen Jahr wurde das Hauptinstrument der Ketzerrepression in Stellung gebracht. Mit der Bulle *Licet ab initio*, die Papst Paul III. (1534–1549) am 4. Juli 1542 promulgierte, gewann diese römische Inquisition Gestalt. Die Sorge für die Reinerhaltung des Glaubens sowie die Untersuchung und die Bestrafung aller Glaubensvergehen diesseits und jenseits der Alpen wurden darin einem Kollegium von sechs Kardinälen übertragen, genannt *Sacra Congregatio Romanae et universalis inquisitionis* bzw. *Congregatio Sancti Officii*. Diesem Kollegium wurde das Recht zuerkannt, notfalls auch ohne die eigentlich zuständigen Bischöfe vorzugehen und selbständig weitere Inquisitoren mit ähnlichen Vollmachten zu ernennen sowie Appellationen gegen deren Vorgehen zu entscheiden.

Eine Neugründung war das Kollegium streng genommen nicht, lediglich eine entschlossene Reform am Haupt einer Institution, die nie aufgehört hatte zu existieren, wenn auch ihre regionale Präsenz höchst unterschiedlich war (und blieb). Bereits 1532 war ein Generalinquisitor zur Bekämpfung der neuen Ketzerei für ganz Italien ernannt worden – ohne durchgreifende Konsequenzen. Nach 1542 aber änderte sich vieles. Schnell wurde bereits von den Zeitgenossen die Römische Inquisition als eine neue Inquisition begriffen. Mit ihr wurden entscheidende Schritte in Richtung auf eine Zentralisierung inquisitorischer Gewalt und auf eine Ausschaltung konkurrierender Gewalten getan. Modell stand dabei die Spanische Inquisition.

Wichtigster Befürworter und Gründungsmitglied der Kongregation war Kardinal Giovanni Pietro Carafa (1476–1559). Auf eigene Kosten, so wird kolportiert, soll er der neugeschaffenen Behörde ein Haus als Amtssitz hergerichtet haben. Nachdem er 1555 als Paul IV. selbst den Papstthron bestiegen hatte, sprach er der Inquisition den Vorrang unter allen römischen Behörden zu. Vor allem die zweite Hälfte seines Pontifikats ging als Schreckensregiment in die Geschichte ein: Explosiv erweiterten sich die Zuständigkeiten und Aktivitäten der Inquisition, harte Strafen wurden gefällt. Paul IV. übernahm persönlich den Vorsitz bei den wöchentlichen Hauptsitzungen des Heiligen Offiziums, dessen Mitgliederzahl zeitweilig auf fünfzehn angehoben wurde. Der antireformatorische Furor dieses Papstes zeigt sich nirgends deutlicher als in der Tatsache, daß er die beiden angesehenen und verdienten Kardinäle Reginald Pole und Giovanni Morone als verdächtige Ketzer verfolgen ließ – beide waren wenige Jahre zuvor noch selbst Mitglieder der Kongregation gewesen! Morone wurde über zwei Jahre in Haft gehalten, bevor er im März 1560 freigesprochen wurde. Nach dem Tod Pauls IV. entlud sich der

Haß der Römer in Gewaltakten gegen die Inquisition und deren Repräsentanten: Man stürmte das Gebäude, befreite die Gefangenen, vernichtete die Akten und setzte schließlich alles in Brand.

Sein Nachfolger Pius IV. (1499/1559–1565) dämmte das exzessive Vorgehen der Inquisition ein und widmete sich stärker als sein Vorgänger der Kirchenreform. Aber die Karriere des darauffolgenden Papstes Pius V. (1504/1566–1572) war wiederum eng mit dem Heiligen Offizium verknüpft; seit 1558 hatte Michele Ghislieri als Generalinquisitor fungiert. Er ließ den Palast und das Archiv der Inquisition am *Campo Santo* neu errichten. Seit 1566 wurden in Rom in Anwesenheit des päpstlichen Hofes und vieler Kardinäle zudem eine Reihe feierlicher Autodafés veranstaltet, eine Praxis, an der unter den Nachfolgern festgehalten wurde. So kam es zwischen 1573 und 1583 zu fünf öffentlichen Glaubensakten mit insgesamt 58 Delinquenten, darunter einigen zum Tode Verurteilten. Der Ausbau inquisitorischer Strukturen und Vollmachten ging weiter und fand 1588 unter Papst Sixtus V. (1521/1585–1590, auch er ein ehemaliger Konsultor der Inquisition) einen gewissen Abschluß, indem fünfzehn Kardinalskongregationen als päpstliche Behörden zur Regierung und Verwaltung der Kirche etabliert wurden; das Heilige Offizium bildete gleichsam den Prototyp dieser Kongregationen und nahm unter ihnen eine Vorrangstellung ein.

Der Römische Index: Bereits kurz nach ihrer Gründung, im Jahr 1543, begann sich die Inquisition mit dem Problem der Bücherzensur zu beschäftigen. Ein erstes Edikt verbot allen Buchhändlern bzw. -druckern bei hohen Strafen die Herstellung, Verbreitung und Lektüre häretischer Literatur. Bald machten sich die Inquisitoren an die Erstellung einer Liste verbotener Bücher, wobei entsprechende Kataloge der Universitäten Löwen und Paris als Vorbild dienten. Nach einigen Vorarbeiten erschien 1559 der erste umfassende Index – eine veritable Kriegserklärung an die reformatorische Literatur. Der mehr als tausend Titel enthaltende Index blieb bis 1917 der einzige unter Federführung der Inquisition. Seine Neufassung im Jahr 1564 war bereits das Werk einer bischöflichen Arbeitsgruppe des Trienter

Konzils, die ihr Werk verstärkt unter pastoralen Gesichtspunkten anging. Dieser *Index librorum prohibitorum* blieb das vorbildgebende «Grundmodell» für die nachfolgenden Ergänzungen und Neuausgaben. Neben den alphabetisch geordneten Listen von insgesamt verbotenen Autoren bzw. einzelnen Werken enthält er auch Regeln für die «Reinigung» verdächtiger Schriften. Daß der neue Index von Bischöfen verschiedener Nationalitäten redigiert worden war, unterstreicht die Tatsache, daß er – ebenso wie seine Vorgänger und Nachfolger – von der Intention her universal angelegt war, d. h. Gültigkeit für die gesamte Christenheit beanspruchte. Faktisch blieb seine Wirkung aber weitgehend auf Italien beschränkt. Deutsche Bedürfnisse erfüllte ein vor allem lateinische Werke auflistender Index nur zum kleinen Teil, und so wundert es nicht, daß die Zensurlisten hier z. T. noch nicht einmal offiziell veröffentlicht wurden. Wichtiger scheinen im Reich die jeweils individuellen Maßnahmen der bischöflichen Zensur gewesen zu sein.

Neben den Bischöfen und der Inquisition beschäftigten sich in der zweiten Hälfte des 16. Jahrhunderts noch andere römische Protagonisten mit der Bücherzensur. Da waren zum einen die Inhaber eines hohen Amtes an der Kurie, die Meister des Heiligen Palastes. Sie erließen entsprechende Edikte und brachten im Jahr 1607 einen eigenen *Index Expurgatorius* heraus. Vor allem aber wurde 1571 mit der Indexkongregation eine eigene päpstliche Behörde für die Bücherzensur gegründet, der im übrigen die *Magistri Sacri Palatii* und immer auch ein Inquisitor angehörten. Ab 1590 erschienen unter der Verantwortung dieses Gremiums mehrere Indices, um anschließend gleich wieder suspendiert zu werden. Ursache waren Einsprüche des *Sacrum Officium*, das sich durch die Konkurrenz in ihren Rechten und Privilegien beschnitten sah. Nicht zuletzt unter der Führung starker Persönlichkeiten wie des Kardinals Robert Bellarmin (1542–1621) erstarkte die Indexkongregation am Beginn des 17. Jahrhunderts und erreichte einen modus vivendi mit den Inquisitoren. Kompetenzstreitigkeiten und Unstimmigkeiten zwischen den Hütern des rechten Glaubens blieben jedoch an der Tagesordnung.

Die Römische Inquisition der Neuzeit   101

Zentrum und Peripherie: Die obersten Glaubenswächter, die Kardinäle des Sanctum Officium, konnten bei Bedarf jedes Inquisitionsverfahren an sich ziehen, sei es wegen der besonderen Bedeutung des Delikts oder der Person des Angeklagten oder wegen der Komplexität der Angelegenheit. Kein Wunder, daß die spektakulärsten Fälle in Rom, dem damaligen Brennpunkt des intellektuellen, politischen und religiösen Lebens, entschieden wurden. Das Schicksal der Beklagten war dabei höchst unterschiedlich. Der ehemalige Dominikanermönch Giordano Bruno (1548–1600) wurde nach einem achtjährigen Ketzerprozeß am 17. Februar 1600 auf dem römischen Campo dei Fiori als hartnäckiger Ketzer und Verleugner christlicher Grundwahrheiten lebendig auf dem Scheiterhaufen verbrannt. Zum Verhängnis wurde ihm seine – keineswegs in allen Punkten klare – Kosmologie, deren Postulat von einer universellen Weltseele z. B. als Zweifel an der katholischen Trinitätslehre aufgefaßt werden konnte, und seine Kritik an der Kurie und am Heiligenkult. Daß die Inquisitoren mit ihren langwierigen Bemühungen scheiterten, ihn zu einem öffentlichen Widerruf zu bewegen, mußten sie nach eigenem Selbstverständnis als Niederlage empfinden. Bessere Erfahrungen mit der römischen Inquisition machte der Kalabreser Thomas Campanella (1568–1639), auch er ein Dominikanermönch. 1599 in Neapel angeblich an einem gescheiterten Aufstandsversuch gegen die Spanier beteiligt, drohte ihm als Hochverräter der sichere Tod; von der Inquisition angeklagt, wurde er dann aber als Ketzer zu lebenslanger Haft verurteilt. In der Haft durfte er lesen und schreiben sowie weitverzweigte Korrespondenzen pflegen; hier entstand seine berühmteste Schrift, die Utopie vom Sonnenstaat. Schließlich war es mit Urban VIII. ein Papst, der ihm die Freiheit schenkte.

Bereits 1622 war Campanella in einer Verteidigungsschrift für das bis heute prominenteste Inquisitionsopfer eingetreten, für Galileo Galilei (1564–1642). In Gegenwart des Papstes Urban VIII. schwor Galilei am 22. Juni 1633 der kopernikanischen Lehre während der ordentlichen Mittwochssitzung des Tribunals der Kardinalinquisitoren ab. Dabei kniete der Philosoph, Hofmathematiker und Astronom des Großherzogs der Toskana, die eine Hand auf die Heilige Schrift gelegt, in der anderen eine brennende Kerze. Er wurde zu einer Buße und zu lebenslanger Haft verurteilt, die schließlich in einen milden Hausarrest umgewandelt wurde. Gründe und Hintergründe des Galilei-Prozesses sind kompliziert. Eindeutige Frontlinien jedenfalls nach dem Muster: hie die reaktionär-verblendete Kirche unter Führung der Inquisition, dort die mutigen Männer der weltlichen Wissenschaft, hat die neuere Forschung nachhaltig in Frage gestellt. Lange Jahre hielt Kardinal Barberini, der nachmalige Papst Urban VIII., die schützende Hand über den Gelehrten, ebenso wie Kardinalinquisitor Robert Bellarmin, der 1616 ein erstes Verfahren gegen Galileo behutsam und pragmatisch zu Ende führte. Zwar galt das heliozentrische System fortan als häretisch, jedoch durfte die kopernikanische Lehre im astronomischen Diskurs der Gelehrten als fiktive Hypothese weiter benutzt werden. Erst die Nichtbeachtung dieser Regel führte dazu, daß Galileo von seinen Feinden erfolgreich erneut vor die Inquisition gebracht werden konnte. Nach einer Hypothese von Redondo diente dieses zweite Verfahren jedoch dazu, von bedrohlicheren Vorwürfen gegen den Gelehrten abzulenken. Die Abschwörungssentenz wurde jedenfalls an alle Nuntien und Inquisitoren verschickt, um Mathematiker und Philosophen mit diesem warnenden Beispiel bekannt zu machen – eine Maßnahme, die durchaus zur Verbreitung des inkriminierten Weltbildes beigetragen haben kann.

Nicht nur berühmten Gelehrten, sondern auch kleinen Leuten sicherte die Inquisition bisweilen Nachruhm. So hat Carlo Ginzburg aus Domenico Scandella, genannt Menocchio (1532–1599), eine historiographische Berühmtheit gemacht. Dieser Müller mit einem sehr unorthodoxen Weltbild landete 1583 zum ersten Mal vor der Inquisition, wurde zu lebenslangem Gefängnis verurteilt, kam nach drei Jahren frei und wurde schließlich 1599 als rückfälliger Ketzer auf dem Scheiterhaufen verbrannt. Seine Ansichten berühren sich in manchem mit denen der Protestanten oder der Widertäufer und spiegeln vielfältige Leseerfahrungen wieder. Dennoch war seine eigenwillige Kosmologie, die etwa die Weltentstehung in Analogie zur Käseproduktion setzt, ganz und gar individuell.

Die Römische Inquisition der Neuzeit

Der Fall Menocchio spielte in der friaulischen Provinz. Das Netz der Inquisitionstribunale in Italien war wesentlich feiner geknüpft als in Spanien und wurde im Verlauf des 16. Jahrhunderts noch engmaschiger. Zu Beginn des 18. Jahrhunderts existierten ca. 50 lokale Inquisitionsgerichtshöfe in Nord- und Mittelitalien, die ihren Sitz fast ausschließlich in Bischofsstädten hatten. Auch einige außeritalienische Tribunale wurden 1706 noch zum Zuständigkeitsbereich der Römischen Inquisition gezählt: Zara (Dalmatien); Malta; Carcassonne und Toulouse; Avignon und Besançon; schließlich Köln. Abgesehen von den beiden erstgenannten verweisen diese Ausnahmen aber auf – in der Praxis wenig aktive – mittelalterliche Restbestände und unterstreichen den regional-italienischen Zuschnitt der neuzeitlichen römischen Inquisition. Aber auch auf der Apenninhalbinsel stellte sich die Präsenz der Inquisition höchst unterschiedlich dar. Sizilien als Teil des Königreiches Aragón lag im Machtbereich der Spanischen Inquisition. Politisch zum spanischen Machtbereich gehörten auch das Vizekönigtum Neapel und das Herzogtum Mailand, doch unterstand die kirchliche Inquisition in beiden Gebieten dem Heiligen Offizium. 1563 hatte König Philipp II. nach heftigen Unruhen den Neapolitanern versichern müssen, daß er nicht an die Einführung der Spanischen Inquisition denke (vgl. Kap. VII). Im Norden konzentrierten sich die Tribunale in den oberitalienischen Regionen Piemont, Mailand und Venedig. Nach Süden hin dünnten sie sich aus; so wurde etwa die Republik Genua einschließlich Korsikas nur von einem einzigen Inquisitor betreut. Gerade im Kirchenstaat selbst, wo die Autorität des Papstes über kirchliche und weltliche Instanzen unangefochten war, gab es wenig Inquisitoren.

Auch an ihren Wirkungsorten konnten die italienischen Inquisitoren nicht überall unangefochten schalten und walten. Zum Teil behielten die Bischöfe eine große Machtfülle. Überdies beanspruchten verschiedene Stadtrepubliken (Lucca, Genua) Kontroll- und Mitspracherechte bei der Ketzerverfolgung in ihrem Gebiet. Heikel waren insbesondere die Beziehungen zwischen Kurie und der Republik Venedig. Bereits vor der Neuformierung der Römischen Inquisition war es immer wieder zum Streit zwischen bischöflichen und päpstlichen Ketzerverfolgern auf der einen, dem venezianischen Staatsrat auf der anderen Seite gekommen. Politische Ängste und Rivalitäten standen bei der Distanz zu Rom Pate, keineswegs Zweifel am religiösen Führungsanspruch des Papstes oder ein Mangel an katholischer Rechtgläubigkeit. Auch wirtschaftliche Erwägungen waren maßgebend: Venedig unterhielt gerade Mitte des 16. Jahrhunderts intensive diplomatische Kontakte zu protestantischen Staaten und verfolgte im Inneren eher eine pragmatische Linie des «durch die Finger Sehens»: Stillschweigend wurden religiöse Minderheiten geduldet, soweit sie nicht weiter auffielen. Nach der Etablierung der Römischen Inquisition wuchs der äußere Druck auf die Serenissima. Der Rat der Zehn reagierte mit der Gründung eigener, weltlicher Gremien zur Bewahrung der Rechtgläubigkeit. Die 1547 geschaffenen *Tre Savi all'Eresia* sollten künftig mit der kirchlichen Inquisition zusammenarbeiten, zugleich aber auch den staatlichen Einfluß sichern. Auch behielt sich der venezianische Staat weithin die Hoheit über die konfiszierten Güter verurteilter Ketzer vor, was die Finanzierung der inquisitorischen Arbeit erschwerte. Trotzdem traten die Konflikte fortan eher in den Hintergrund, gemessen an den überlieferten Verfahren war die venezianische Inquisition einer der aktivsten Ketzergerichtshöfe in Italien.

Struktur und Verfahren: Die Inquisitoren vor Ort kamen, der alten Tradition folgend, fast ausschließlich aus dem Dominikaner- oder dem Franziskanerorden. Ein Inquisitor mußte mindestens 40 Jahre alt sein und Kenntnisse im kanonischen Recht besitzen. Die erwünschte Doppelqualifikation als Theologe und Jurist besaß er wohl in der Regel nicht. So stellt sich das Profil eines italienischen Ketzerverfolgers ganz anders dar als das seines spanischen Kollegen, der – wie gesehen – in erster Linie Jurist war. Seelsorgerische Aspekte standen hier mehr im Vordergrund und beeinflußten zweifellos die Prozeßführung. Römische Inquisitoren unterstanden direkt dem *Sanctum Officium*. Zu ihren Aufgaben gehörte neben der direkten Untersuchung von Häresien die Finanzverwaltung, die Überwachung von Fremden und das Abfassen von Korrespondenz. Auch wenn das Berichtswesen weniger bürokratisiert war als im Bereich der Spanischen Inquisition, existierte ein lebhafter Austausch zwischen Rom und den Ketzerrichtern in den Regionen. Der unmittelbar einem Inquisitor vor Ort zugeordnete Stab – gewöhnlich ein Vertreter, dazu weiteres Gerichtspersonal und Helfer – nimmt sich bescheidener aus als derjenige in Spanien. Dazu kamen jedoch einmal die Vikarien im Umland, die den Weisungen der Inquisitoren unterstanden. Rechnet man überdies die gelehrten Konsultatoren ebenso hinzu wie die Familiaren, dann ergibt sich doch pro Tribunal eine beachtliche Gruppe von Unterstützern, die mehrere hundert Personen umfassen konnte.

Das Verfahren der Römischen Inquisition unterschied sich nicht grundlegend von ihrer mittelalterlichen Vorläuferin und ihrem spanischen Vorbild. Nichts macht die Kontinuitäten sichtbarer als die Weiterverwendung der mittelalterlichen Inquisitionshandbücher. Eines der umfassendsten, das Kompendium des aragonesischen Ketzerrichters Eymerich, wurde 1578 von dem spanischen Juristen Francisco Peña (1540–1612) neu herausgegeben und glossiert, einem Mann, der hohe Ämter an der römischen Kurie ausübte und als Berater des Großinquisitors Giulio Antonio Santorini (1532–1602) wirkte. Auch in Italien gehörte die Geheimhaltung von Zeugenaussagen und Denunziationen zum wichtigsten Arsenal inquisitorischer Waffen. Allerdings scheinen hier aufs Ganze gesehen die Verfahrensregeln restriktiver und im Sinne eines größeren Schutzes für die Angeklagten ausgelegt worden zu sein. Die Möglichkeit zur Verteidigung existierte, wenn nötig auch auf Kosten der Inquisition. War er von der Schuld seines Mandanten überzeugt, so hatte der bei der Inquisition approbierte Verteidiger sein Mandat niederzulegen. Auf der anderen Seite besaß er jedoch einige beachtliche Rechte: So mußte ihm eine Kopie der Anklageschrift in der Volkssprache zugänglich gemacht werden. Man hatte ihm Zeit zum Studium der Akten zuzugestehen, ebenso das Recht auf Benennung von Entlastungszeugen und auf die Formulierung von Gegenfragen an die Belastungszeugen. Die Folter durfte prinzipiell dann angewandt werden, wenn der Angeklagte trotz schwerer Indizien nicht gestand bzw. wenn der Verdacht bestand, er habe kein volles Geständnis abgelegt. Die Indizien mußten jedoch schwerwiegend sein (z. B. in Gestalt von Augenzeugen); außerdem mußte der bei jedem Inquisitionstribunal angesiedelte Beraterkreis aus weltlichen und geistlichen Fachleuten (Konsultatoren) zustimmen. Auch der Bischof hatte seine Einwilligung zu geben. In schwierigen Fällen suchte man Rat in Rom, wo sehr restriktiv entschieden wurde. Widersprüche im Text der Geständnisse, die ja außerhalb der Folter bestätigt werden mußten, wurden von den Kardinalinquisitoren gnadenlos moniert. Überhaupt nahmen diese ihre Oberaufsicht ernst. So schrieb ein Mitglied des Heiligen Offizium im Dezember 1609 an den Inquisitor von Aquileia, er habe beim Lesen der Zusammenfassung eines Prozesses bemerkt, daß bestimmte Antworten nicht in das Protokoll aufgenommen worden seien; überdies seien einem Zeugen unzulässige Suggestivfragen gestellt worden. Auch zur Vorsicht bei der Verhaftung von Verdächtigen mahnte die römische Kongregation, weil allein sie bereits zur sozialen Ausgrenzung führen könne. Manchen erscheint die Römische Inquisition in verfahrensrechtlicher Hinsicht deshalb als «Pionier der frühneuzeitlichen Justizreform» (Tedeschi).

Auch hinsichtlich ihrer Sanktionen genießt sie in der modernen Forschung den Ruf eines moderaten Vorgehens. Die häufigsten Strafen waren Kirchenbußen, die öffentlich in der Sonntagsmesse abgeleistet bzw. verlesen wurden. Auch Gefängnisstrafen waren nicht selten, die einen Zeitraum von drei bis acht Jahren umfassen oder auch auf lebenslänglich (*immuratio*) lauten konnten. In Rom waren die Inquisitionsgefängnisse nach dem Urteil Luigi Firpos überraschend kommod, schafften es aber auch gut, die Gefangenen abzuschotten. Weil es fern der Metropole oft zu wenige Gefängnisse gab, wurden Haftstrafen häufig in Klöstern oder als Hausarrest vollzogen. Von Galeerenstrafen waren neben notorischen «Erzhäretikern» oder Schmährednern, die Grundwahrheiten des Glaubens in Frage gestellt hatten, überraschend oft auch Kleriker betroffen; jedoch konnte diese Strafe in vielen Fällen gemildert werden. Tatsächliche Todesstrafen waren – wie üblich – den Hartnäckigen und den Rückfälligen vorbehalten. Hinrichtungen waren seltener als in Spanien, nicht zuletzt, weil auf der Apenninhalbinsel die heftigen Massenverfolgungen gegen *Conversos* unbekannt waren, die die Opferzahlen in Spanien in die Höhe getrieben hatten. Von den rund tausend Angeklagten vor der Inquisition in Friaul zwischen 1551 und 1647 wurden vier Personen zu Tode gebracht. Öffentliche Glaubensakte beschränkten sich auf die Kernhandlungen Urteilsverlesung, Abschwörung und Bestrafung, verzichteten also auf aufwendige Begleitrituale wie Prozessionen und Messen. Im Gegensatz zu den großen «Sammelveranstaltungen» auf der Iberischen Halbinsel konzentrierten sich die Autodafés in Italien meist auf eine Person bzw. auf eine homogene Gruppe von Ketzern.

Zielgruppen und Konjunkturen: Das Fehlen eines regelmäßigen Berichtwesens an die römische Zentrale und die Vernichtung wichtiger Quellenbestände macht eine Rekonstruktion der Aktivitäten der Inquisition in Italien schwierig. So hatte das Archiv des *Sanctum Officium* im 19. Jahrhundert ein bewegtes Schicksal. Nach der zweiten Besetzung Roms durch französische Truppen im Jahr 1808 wurden die Vatikanischen Archive nach Paris verschleppt und 1816/17 nur teilweise zurückgebracht. Die Besetzung des Palastes des *Sanctum Officium* durch republikanische Truppen im Jahr 1848 und die dritte französische Besatzung wenig später brachten weitere Auslagerungen und Verluste. Trotzdem birgt es für die Forschung immer noch reichhaltige Schätze. Bis vor kurzem aber waren diese fast völlig unzugänglich. Die fortdauernde Geheimhaltungspolitik gab immer wieder Gerüchten neue Nahrung, welch schreckliche Geheimnisse es berge. Erst im Januar 1998 wurde es unter großem medialen Echo vom Präfekten der Glaubenskongregation für die Forschung geöffnet. Aber bereits auf der Basis der dezentralen Überlieferung einzelner Inquisitionstribunale konnten Lokalstudien ein hinreichend klares Bild vom Aktivitätsprofil der römischen Inquisition liefern.

Ihre Tätigkeit läßt sich – sehr grob – in zwei Phasen einteilen. Die erste Verfolgungswelle galt, den Zielen der Gründung gemäß, den Protestanten – oder wen man dafür hielt. Die reform-

108   *Die Römische Inquisition der Neuzeit*

orientierten Kräfte in Italien waren zu diesem Zeitpunkt wenig konfessionell profiliert, wurden aber von der Inquisition in die lutherische Ecke gedrängt. Das gilt insbesondere für die Anhänger des gemäßigten und auf Ausgleich bedachten Humanisten Erasmus von Rotterdam. Nach 1559 wurden seine Bücher verboten, er selbst mit Luther und Melanchthon auf eine Stufe gestellt und seine Anhänger konsequent verketzert. Der Sieg der Inquisition über den einheimischen Protestantismus stellte zu einem guten Teil den Triumph über eine selbst geschaffene Gefahr dar.

Bis zum Ausgang des 16. Jahrhunderts blieb in Norditalien das Vorgehen gegen Lutheraner und verwandte Häretiker der Schwerpunkt. Ehemals jüdische oder muslimische Neuchristen waren hier eine kleine Gruppe. Im Süden, vor den Schranken der Inquisition in Neapel, waren die Proportionen umgekehrt verteilt. Mit regionalen Unterschieden ist also zu rechnen, aber überall erreichte die Zahl der Prozesse um 1600 ihren Höhepunkt. Dabei verlagerte sich zugleich aber allmählich der Schwerpunkt. Statt klassischer Häretiker wurden nun im Gefolge des Trienter Konzils verstärkt alle unorthodoxen Erscheinungsformen populärer Religiosität, vor allem magische Praktiken, bekämpft. Zwischen 1596 und 1785 verhandelten die beiden friaulischen Inquisitionstribunale in Aquileia und Concordia allein 777 Magiefälle: Liebes- und Heilzauber, Segenssprüche und Verwünschungen, Nekromantie und Wahrsagerei sowie – nicht zu vergessen – Hexerei. Daneben wurden – regional wiederum unterschiedlich intensiv – auch Anklagen wegen Bigamie, Blasphemie oder verbotenem Buchbesitz erhoben. Nach 1620 ging die Intensität der Verfolgung, gemessen an der Zahl der Prozesse, in allen Regionen Italiens zurück und sank im 18. Jahrhundert – ebenso wie in Spanien – weiter.

Von der Inquisition zur Glaubenskongregation: Bereits im 18. Jahrhundert wurde die Römische Inquisition vieler ihrer Glieder beraubt. Im Zeitalter der Aufklärung schafften zahlreiche italienische Herrscher und Regierungen die Inquisition für ihren Machtbereich einfach ab, angefangen mit Neapel (1746)

Die Römische Inquisition der Neuzeit   109

über Parma (1768) und Mailand (durch ein Edikt Maria There-
sias 1775) bis hin zum Großherzogtum Toscana (1782) und Mo-
dena (1785). Die französischen Invasoren führten diese Linie
dann ab 1796 vielerorts fort, so in Venedig, Genua und Turin.
1798 wurde der Kirchenstaat selbst von Napoleon annektiert,
die römische Inquisition abgeschafft, ihre Archive zerstreut.
Nach 1814, im Zuge der päpstlichen Restauration, wurde auch
die Inquisition wieder etabliert. Das Heilige Offizium trug im
19. Jahrhundert jedoch einen grundlegend anderen Charakter
als zuvor. Nicht länger war es Kommandozentrale eines hierar-
chisch organisierten Repressionsapparates für Italien, denn es
besaß keinerlei Exekutivfunktionen mehr. Reduziert auf die
Macht des Wortes und auf geistliche Strafmittel wurde die Inquisition zum Beraterkreis für den Papst in allen Dingen des rechten
Glaubens sowie zur innerkirchlichen Zensur- und Disziplinarbe-
hörde. Realer Machtverlust korrespondierte in gewissem Sinne
mit einer erneuten Universalisierung inquisitorischer Zuständigkeit. Seine Hauptaufgabe sah das Kollegium dabei in der Ab-
wehr aller «verderblichen» Strömungen der Moderne wie Ratio-
nalismus, Atheismus und Sozialismus.

Unter verändertem Namen überlebte die Inquisition auch
die unter Papst Pius X. 1908 eingeleitete Reform der Kurie: Als
Kongregation des Heiligen Offiziums (*Sacra Congregatio Sancti
Officii*) blieb sie an der Spitze aller Kurienkongregationen. 1917
wurde sie mit der Kongregation für den Index zusammengelegt.
Die Diskussionen des Zweiten Vatikanischen Konzils zeigten
jedoch, daß trotz aller Veränderungen das *Sanctum Officium*
innerkirchlich in der Kritik stand. Mit großem Beifall wurde am
8. November 1963 die Rede des Kölner Kardinals Joseph Frings
aufgenommen, der das Verfahren der Inquisition als unzeitge-
mäß anprangerte; niemand dürfe ohne Kenntnis der Anklage-
punkte und ohne hinreichende Verteidigung verurteilt werden.
In der Konsequenz kam es zu einer inhaltlichen und terminologi-
schen Neubestimmung (7. Dezember 1965). An die Stelle des
Heiligen Offiziums trat die Glaubenskongregation (*Congregatio
pro Doctrina Fidei*), die ohne besondere Geheimhaltung vorgehen sollte. Der Index wurde abgeschafft. Gemäß Artikel 48 der

von Papst Johannes Paul II. 1988 promulgierten Apostolischen Konstitution über die römische Kurie *Pastor bonus* hat die Kongregation für die Glaubenslehre «die Aufgabe, die Glaubens- und Sittenlehre in der ganzen katholischen Kirche zu fördern und zu schützen». Die aus 25 Mitgliedern – Kardinälen, Erzbischöfen und Bischöfen aus 14 verschiedenen Nationen – bestehende Kongregation wird seit 1981 von dem deutschen Kardinal Joseph Ratzinger geleitet. Disziplinarmaßnahmen gegen die Theologen Hans Küng und Leonardo Boff, aber auch die Auseinandersetzungen mit den Traditionalisten um Erzbischof Marcel Lefebvre (1905–1991), die Front gegen die liturgischen Neuerungen des Zweiten Vatikanischen Konzils machten, haben Ratzinger vielerorts den Ruf eines neuen Inquisitors eingebracht. Auf der anderen Seite geht die Kirche in jüngster Zeit offiziell auf Distanz zu den dunklen Seiten ihrer Vergangenheit. 1992 erklärte die Kurie die Verurteilung des Galileo 350 Jahre zuvor für falsch; und im März 2000 legte Papst Johannes Paul II. ein öffentliches Schuldbekenntnis für die von Vertretern der Kirche in der Vergangenheit ausgeübte Gewalt und für «Methoden der Intoleranz» ab. Die Glaubenskongregation selbst betont heute die Bedeutung wissenschaftlicher Symposien und Zusammenkünfte für die Verteidigung des wahren Glaubens, Kardinal Ratzinger persönlich setzte sich für die Öffnung des Geheimarchivs ein. Auch wenn eine institutionelle Kontinuität gegeben ist und die Wächter der Rechtgläubigkeit immer noch im vom Pius V. erbauten *Palazzo del Sant'Uffizio* residieren – mit den mittelalterlichen und frühneuzeitlichen Inquisitionen hat die Glaubenskongregation kaum noch etwas gemein.

VI. Inquisition und Hexenverfolgung

Hexenverfolgung und Inquisition sind im kollektiven Gedächtnis der Gegenwart fast unauflöslich verknüpft. Es gilt als selbstverständlich, daß die massenhafte Verfolgung von angeblichen

Hexen vornehmlich auf das Konto kirchlicher Inquisitoren ging, und auch neueste Gesamtdarstellungen der Inquisition illustrieren ihren Text mit detaillierten Schilderungen von grauenhaften Szenen aus den Folterkellern von Inquisitionsgerichten, die versuchten, alten Frauen Geständnisse über ihren Pakt mit dem Teufel zu entreißen. Diese Verknüpfung von kirchlicher Inquisition und Hexenverfolgung ist jedoch irreführend: Die weit überwiegende Masse der Hexenprozesse im Europa des 15. bis 18. Jahrhunderts wurde vor weltlichen Gerichten verhandelt, in protestantischen ebenso wie in katholischen Ländern. Es ist zwar richtig, daß das juristische Instrument des Inquisitionsprozesses mit seinem Prozeßinstrument der Tortur der Hexenjagd auf verhängnisvolle Weise Vorschub leistete, aber dieses Instrument wurde eben von allen Kriminalgerichten gehandhabt. Diese nüchternen Vorbemerkungen machen eine genauere Beschäftigung mit dem Zusammenhang zwischen Hexenverfolgung und kirchlicher Inquisition nicht überflüssig. Bereits im Mittelalter hatte die Inquisition ja durchaus die Rechtsprechung über populäre Magie, über Wahrsagerei, Segenssprechen und Schatzgraben beansprucht, soweit sie ketzerische Aspekte aufwies – ein durchaus dehnbares Kriterium. Hexerei aber war ein besonders schwerwiegendes und komplexes Delikt, das erst im 15. Jahrhundert erfunden wurde. Die Inquisition war daran nicht unbeteiligt.

In den «Sammelbegriff» (Hansen) der Hexerei gingen viele heterogene Elemente ein: Einer/m Hexe(r) wurde vorgeworfen, mit Schadenszauber (*maleficium*) Mensch und Tier zu schädigen, einen Pakt mit dem Teufel geschlossen und sich mit diesem fleischlich vermischt zu haben sowie sich mit anderen Anhängern des Satans zu nächtlichen Versammlungen, den berüchtigten Hexensabbaten, zu treffen und antichristlichen Riten zu frönen, wobei sie auf dem Besen oder auf Ziegenböcken reitend dorthin flogen. Alle diese Elemente haben eine lange, zum Teil ins Frühmittelalter oder gar in die Antike zurückreichende Geschichte. Der Vorwurf etwa, Menschen, Tiere und Besitztümer mit magischen Mitteln zu schädigen, war seit jeher in den Strafrechtskatalogen als schweres Verbrechen verankert. Dabei handelte es sich um ein weltliches Kriminaldelikt; ob jemand sich z. B. bei einem Mordanschlag eines Messers oder eines magischen Fluches bediente, machte für die Zeitgenossen keinen entscheidenden Unterschied. Noch die Carolina, die Halsgerichtsordnung Kaiser Karls V. von 1532, bedroht allein den nachgewiesenen Schadenszauber mit dem Tod, nicht die Hexerei an sich. In den Hochphasen der Verfolgung glaubten jedoch viele Juristen, auf den konkreten Schadensnachweis verzichten zu können, und stellten das Bündnis mit dem Satan an sich unter Todesstrafe.

Ketzer und Hexen als Teufelsbündner: Seit jeher sahen die Theologen im Teufel den Bündnispartner der Zauberer. Erst durch ihn wurden die Magier zu ihrem schädlichen Tun ermächtigt. Lange Zeit wurde dieser Pakt eher als eine gleichsam individuelle Angelegenheit zwischen Mensch und Dämon gedacht. Erst die Vorstellung von den Teufelsbündnern als einer Gemeinschaft, einer antichristlichen Sekte, provozierte kollektive Ängste vor einer Erschütterung der Grundfeste des Christentums. Für eine solche Schreckensvorstellung gab es in der christlichen Tradition viele Anknüpfungspunkte, und hier kommen wir wieder auf den Kernbereich der Ketzerverfolgung. Denn auch die Häretiker galten den Vertretern der Orthodoxie als Gefolgschaft des Satans. Ein Schlüsseldokument in dieser Hinsicht bilden die Aussagen eines Ketzers namens Lepzet, der 1233 in Köln verhört wurde. Mit den Hinterbacken, so heißt es da über das angebliche Aufnahmeritual der Ketzer, müsse der Initiand zunächst dreimal den Altar der Heiligen berühren und dabei den kirchlichen Sakramenten widersagen. Es folgten u. a. Küsse auf die Hinterteile des Ketzermeisters, eines schwarzen Mannes mit bleichem Angesicht, einer riesigen Kröte und eines schwarzen Katers. Schließlich werde das Licht gelöscht und sodomitischer Mißbrauch miteinander getrieben.

Diese ins Abstruse verzerrte Beschreibung des Lehrgebäudes der Katharer findet sich fast völlig identisch, wenn auch von der konkreten Aussage in Köln losgelöst, in der Kreuzzugsbulle *Vox in Rama* des Papstes Gregor IX. an seinen Vertrauten, den Inquisitor Konrad von Marburg im Juni 1233. Es ist zu vermuten, daß der Text des päpstlichen Schreibens auf Informationen Konrads selbst zurückgeht, ja daß der Kölner Fall von Konrad oder einem seiner Vertrauten untersucht worden war. Jedenfalls stammen die Imaginationen der Ketzerzusammenkünfte als antichristliche, dämonische Gegen-Messe unmittelbar aus dem Entstehungskontext der Inquisition. Das bedeutet nicht, daß sie hier gleichsam geboren wurden, denn sie nähren sich von einem schon lange bestehenden Traditionskontext. Bereits in den frühen römischen antichristlichen Polemiken ist, wie wir durch die christlichen Apologetiker Justinus Martyr, Tertullian und Minucius Felix wissen, von Kindermord, Blutritual und Blutschande die Rede. Auch gegenüber Juden und paganen Geheimkulten wurde Greuelpropaganda über Menschenopfer und Verschwörungen formuliert. Die frühchristliche Kirche kehrte diese Vorwürfe dann gegen Ketzer und religiöse Konkurrenten, wie z. B. der um 400 verfaßte Ketzerkatalog des Epiphanios von Salamis mit detailreichen Schilderungen über die Orgien der Gnostiker beweist. Und auch im Bericht über die ersten genuin mittelalterlichen Ketzer, diejenigen von Orléans 1022, tauchen die Motive der schwarzen Messe, der Promiskuität, der Ermordung und rituellen Verspeisung von Kindern auf. Sie sollten fortan zu den gängigen Stereotypen der Ketzerpolemik im Spätmittelalter gehören und waren von hoher Suggestivkraft – übrigens bis in die moderne Geschichtsforschung hinein, wo sich lange die Vorstellung hielt, es habe tatsächlich ketzerische Luziferaner gegeben, die den Teufel anbeteten.

Wurden also die – durchaus existierenden – Ketzergruppen immer wieder als Gefolgsleute des Teufels verunglimpft, so konnte auf der anderen Seite auch die Praktizierung von Magie als Teufelsdienst verstanden werden. Bereits Augustinus hatte in magischen Ritualen eine Sprache zur Verständigung mit den Dämonen gesehen. Im Zeitalter der Ketzerverfolgung bedurfte es nur eines kleinen Interpretationsschrittes, um die individuellen Teufelsdiener als Mitglieder einer teuflisch-inspirierten Gemeinschaft zu entlarven. So wurde aus den geheimen Ketzerzusammenkünften der Hexensabbat. Um 1475 berichtet Mathias Widmann von Kemnath über die *secta Gazariorum*, die Unholde, die bei Nacht führen und sich zu geheimen Versammlungen träfen. Seine Schilderungen von den «Synagogen» erinnern stark an diejenigen über Lepzet. Der Teufel erscheine in Gestalt einer schwarzen Katze oder eines Bockes. Der Initiand müsse ihn auf den Hintern küssen und der Kirche absagen. Danach verspeise man gebratene Kinder, lösche das Licht und vermische sich fleischlich auf widernatürliche Art und Weise. Aus den Ketzern sind Zauberer geworden, die mit vom Teufel überreichten Salben und Pulvern Tod und Verderben bringen.

Die Inquisition und die Geburt der Hexe: Intensive Forschungen der letzten Jahre haben Geburtsort und -zeit des Hexereideliktes relativ präzise bestimmen können. Die Hexereivorstellung entstand im Westalpengebiet, in den Landschaften des Dauphiné, des Piemont, Savoyens und der Westschweiz. Die entscheidende Transformationsphase von der Ketzerei- zur Hexereivorstellung durchlief diese Region etwa in den Jahren von 1430 bis 1440. Zuvor scheint man sehr wohl noch zwischen Ketzer- und Zaubereidelikt unterschieden zu haben. Die Begriffe *Vauderie* bzw. *Vaudoisie* standen noch als Synonym für ‹Waldensertum› bzw. für ‹Häresie› schlechthin. Ein großer Waldenserprozeß, der im Jahr 1430 in Freiburg im Üchtland geführt wurde, offenbarte zwar die üblichen Teufelsdiener-Vorwürfe gegen diese Ketzergruppe, von Zauberei findet sich aber selbst angesichts der Tatsache kein Wort, daß eine Waldenserin zugleich als Zauberin berüchtigt war. Rund 10 Jahre später initiiert der Dominikanerinquisitor Uldry de Torrenté rund um den Genfer See einen großangelegten Inquisitionsprozeß, der alle später so typischen Züge eines Hexenprozesses trägt. Die bereits zuvor erwähnte Frau wird im Zuge dieses Prozesses wiederum angeklagt und als Hexe hingerichtet. Schnell wird nun unter dem Begriff «Vauderie» schlicht «Hexerei» verstanden.

Nicht nur die kirchliche Inquisition ging jedoch gegen die neue Hexensekte vor. In Savoyen war es ein hoher weltlicher Gerichtsbeamter, der seit Ende der 1520er Jahre weit mehr als 200 Hexenprozesse angestrengt haben soll. Dieser Claude Tholosan verfaßte dann um 1440 ein Rechtstraktat, in dem er seine praktischen Erfahrungen reflektierte. Bereits zuvor hatten einige Gelehrte in ihren Schriften über das Auftreten der neuen Hexensekten nachgedacht, darunter etwa der bekannte Dominikaner Johannes Nider in seinem *Formicarius*. Das territoriale Kraftzentrum der angesprochenen Gegend war das Herzogtum Savoyen mit dem tatkräftigen Herzog Amadeus VIII. an der Spitze, der eine aktive Moralpolitik betrieb, wie zahlreiche Statuten und Visitationsberichte bezeugen. 1439 wurde er auf dem Basler Konzil unter dem Namen Felix V. zum Papst gewählt. Dieses Konzil kann als ein entscheidender Katalysator bei der Herausbildung der gelehrten Hexentheorie betrachtet werden. Basel lag in der Nähe der damaligen Verfolgungszentren. Die meisten der Gelehrten, die über das Hexenwesen schrieben, waren dem Konzil eng verbunden: Das gilt für den erwähnten Johannes Nider ebenso wie für Martin Le Franc, der als persönlicher Sekretär des Papstes Felix V. in seinem 1440–1442 verfaßten literarischen Streitgespräch *Champion des Dames* ein plastisches Bild von den Anhängern der Hexensekte zeichnet. Auf dem Konzil, so können wir schlußfolgern, wurde unter den führenden theologischen Intellektuellen Europas heftig über die neue Hexensekte, die man in der Nachbarschaft aufgespürt hatte, diskutiert; nach Abschluß der Kirchenversammlung nahmen die Teilnehmer die alarmierenden Nachrichten über die neue Sekte mit nach Hause – effizientere Multiplikatoren sind zur damaligen Zeit kaum vorstellbar.

Die Hintergründe und Ursachen für die Entstehung der Hexenverfolgung sind schwer zu fassen. Tatsächlich gab es Hexen in dem imaginierten Sinne ja niemals, obwohl die Existenz geheimer Ketzergruppen ebenso außer Frage steht wie die Praktizierung vielfältigster Formen von Magie. Eine wichtige Rolle spielte erstens der moralische Impetus von Reformtheologen und weltlichen Obrigkeiten zur Purifizierung des Christentums, zur Abgrenzung gegenüber abergläubischen Praktiken und zur Ausrottung der Sünde. Insofern kann man die Hexenvorstellung als implizite Folge des im Spätmittelalter verstärkt einsetzenden Prozesses zur Selbstvergewisserung des Christentums ansehen. Krisenerfahrungen und Endzeiterwartungen mögen zweitens dazu beigetragen haben, die Angst vor den Umtrieben und dem Wachstum der teuflischen Hexensekte zu vermehren. Bei ihrer Bekämpfung bedienten sich alle Gerichtsinstanzen (und nicht nur die Ketzerinquisitoren) drittens in bisher unbekanntem Umfang des öffentlichen Strafrechts in Gestalt des Inquisitionsprozesses; dabei bestand eine erhöhte Gefahr, mittels vorgefertigter Fragekataloge (Interrogatorien) und peinlicher Frage (Tortur) diejenigen Aussagen zu erpressen, die der Richter erwartete. Von Beginn an eigneten sich die Hexenprozesse schließlich viertens auf vielfältige Weise zur Austragung gesellschaftlicher Konflikte und Feindschaften. Festzuhalten bleibt in unserem Zusammenhang, daß kirchliche Inquisitoren ebenso wie weltliche Gerichtsherren in den Städten und Territorien an der ersten Welle von Hexenverfolgungen beteiligt waren. Legitimation für eine solche plurale Zuständigkeit war die Vielgesichtigkeit des Hexereideliktes, das – je nach Interesse – eher als weltliches Verbrechen oder eher als eine antichristliche Häresie verstanden werden konnte.

Nach 1440 weiteten sich die Verfolgungen über das bisherige Kerngebiet weiter nach Norden und Osten aus. Auch daran waren verschiedene dominikanische Inquisitoren beteiligt. Der bekannteste und berüchtigtste unter ihnen ist der Dominikaner Heinrich Kramer (Institoris) (1430–1505). Im März 1478 wurde er zum päpstlichen Inquisitor für ganz Oberdeutschland ernannt. Bereits drei Jahre zuvor war Bruder Heinrich am Ritualmordprozeß gegen die jüdische Gemeinde der Bischofsstadt Trient beteiligt gewesen; die Vorwürfe gegen die Juden (Ermordung kleiner Kinder, antichristliche Riten) sind mit denjenigen gegen die zauberischen Unholde verwandt. Anfang der 1480er Jahre inszenierte er Verfolgungskampagnen gegen die Hexen im Elsaß, am Oberrhein und im Bodenseeraum. Zudem gelang es ihm, in Gestalt der Bulle *Summis desiderantes affectibus* vom Dezember 1484 die Unterstützung des Papstes Innozenz VIII. zu erlangen. Trotzdem erlitt er im Herbst 1485 in der Diözese Brixen mit seiner Hexeninquisition Schiffbruch (vgl. Kap. III.4). Daraufhin schrieb er in kurzer Zeit den berühmten *Hexenhammer* (*Malleus Maleficarum*). Wie viele erfolgreiche Traktate kann auch diese

Schrift kaum für sich beanspruchen, originell zu sein – sie war kaum mehr als eine Kompilation aus verschiedenen Quellen, u. a. aus dem Inquisitionshandbuch des Eymerich. Sehr eigen jedoch fiel Institoris' Urteil über die Zuständigkeit in Hexereisachen aus: Obwohl für dieses *crimen mixtum* prinzipiell beide Foren zuständig seien, handele es sich doch eher um eine Angelegenheit der weltlichen als der kirchlichen Gerichte. Hintergrund für diese merkwürdige Selbstbescheidung: Vor Kirchengerichten hatten reuige Sünder Anspruch auf Vergebung und Buße bzw. mildere Bestrafung, die weltliche Justiz dagegen konnte sie wegen Zauberei direkt zum Tode verurteilen. Die praktischen Folgen dieser Differenz waren gravierend. Im nördlichen Europa und insbesondere im Alten Reich, dem Kerngebiet der Verfolgung, wo die Prozesse fast ausschließlich unter der Ägide weltlicher Gerichte der Territorien, Städte und Patrimonialherrschaften stattfanden, kostete der Hexenglaube Zehntausende von Menschen das Leben; allein in Deutschland waren es vielleicht 25 000. Im Mittelmeerraum dagegen agierten die Inquisitionen zurückhaltender. Nicht ohne Grund konstatierte ein Inquisitor in Cremona 1614, die vom dortigen Tribunal als Apostaten gestraften Hexen könnten von Glück sagen – von weltlichen Richtern wären sie zweifellos zum Tode verurteilt worden.

Zurückhaltung der neuzeitlichen Inquisitionen: Auf der Iberischen Halbinsel verhandelten weltliche Gerichte ebenso wie die Inquisitionstribunale gegen Hexen. Der Schwerpunkt lag dabei im nördlichen Pyrenäengebiet. Zu ersten Verurteilungen kam es 1498 vor dem Tribunal von Saragossa. 1525 wurde innerhalb der Inquisition sehr kontrovers über die Frage gestritten, ob die Hexen tatsächlich nachts im eigenen Körper die Ausfahrt auf den Sabbat unternähmen oder ob es sich um teuflische Vorspiegelungen handelte. Die *Suprema* zeigte sich in der Frage gespalten, legte aber in der Folge vergleichsweise rigide Verfahrensweisen fest: Niemand solle allein auf die Aussage anderer Hexen hin verhaftet werden; die *Suprema* müsse über alle Zweifelsfälle und über die Rückfälligen informiert werden; alle Urteile müßten einstimmig gefällt werden; niemandem, der Hexerei freiwillig gestand, dürfe sein Besitz konfisziert werden. Ein Schwerpunkt der Bestimmungen der Kommission lag überdies auf Predigt, Seelsorge und Umerziehung der angeblichen Hexen.

Nicht immer wurde in den folgenden Jahrzehnten diese vorsichtige Linie von den lokalen Inquisitoren beachtet. Wie bereits 1549 in Barcelona, sah sich die *Suprema* auch am Beginn des 17. Jahrhunderts genötigt, in der Provinz zu intervenieren. Zunächst hatte sie die großangelegten Untersuchungen des Inquisitionstribunals von Logroño in den Gebirgstälern von Navarra gebilligt, wo eine regelrechte Hexenpanik ausgebrochen war. Sie bestätigte sogar die ersten Urteile, nach denen im November 1610 sechs angebliche Hexen in Person, fünf weitere in effigie verbrannt wurden. Als eine Ausweitung der Prozesse drohte, schwenkte sie um und beauftragte den jungen Inquisitor Alonso de Salazar Frias, der bereits früher gegen das Vorgehen seiner Kollegen opponiert hatte, mit einer Untersuchung. Mit dem Gnadenedikt in der Tasche besuchte er zwischen Mai 1611 und Januar 1612 die abgelegenen Gebirgsregionen. Seine Bilanz über die Qualität der umlaufenden Gerüchte und Verdächtigungen war niederschmetternd. Nicht den geringsten Beweis habe er gefunden, daß irgendeine Hexereihandlung tatsächlich vorgekommen sei. Die Geständnisse der Angeklagten reichten für sich genommen, ohne andere Beweise, keinesfalls hin, um auch nur Verhaftungen vornehmen zu lassen. Sie seien überwiegend völlig falsch. Nicht zuletzt aufgrund dieses Berichtes bekräftigte die *Suprema* im August 1614 ihre Skepsis gegenüber Hexenprozessen und rehabilitierte sogar die im Jahr 1610 Verurteilten. Die Verfolgungen in Navarra wurden durch ein Edikt des Schweigens beendet, die Verbreitung von Hexereigerüchten wurde künftig unter Strafe gestellt. Faktisch wurde mit dieser Episode das Ende der Hexenprozesse vor den Tribunalen der Spanischen Inquisition eingeläutet – nicht aber vor denen der weltlichen spanischen Gerichte, die erst sehr viel später derartige Verfolgungen beendeten.

Die skeptische Haltung der spanischen Inquisition wurde von den Kardinalinquisitoren der römischen Schwesterorganisation geteilt. Das war ihnen freilich nicht in die Wiege gelegt. In den norditalienischen Gebirgstälern der Grafschaft Como brachten in den ersten Jahrzehnten des 16. Jahrhunderts Dominikanerinquisitoren Hunderte von Hexen auf den Scheiterhaufen. In der zweiten Hälfte des Jahrhunderts jedoch setzte sich bei den Vertretern des *Sanctum Officium* eine zunehmende Zurückhaltung durch. Als etwa 1569 der später heiliggesprochene Reformbischof von Mailand, Carlo Borromeo (gest. 1584), in seiner Diözese gegen einige angeklagte Hexen vorging, mahnte der Kardinalinquisitor in Rom eine genauere Untersuchung des *Corpus delicti* an. Zu einer Schlüsselerfahrung wurden die Prozesse, die 1593/94 in Bitonto (Apulien) von Bischof Flaminio Parisi geführt wurden. Einige Besessene klagten nicht nur sich selbst, sondern auch andere Personen der Hexerei an. Bald griff die römische Inquisition in Gestalt des Konsultors Giulio Monterenzi ein. Dieser ließ einige der Beschuldigten nach Rom überführen, wo das Verfahren vom Heiligen Offizium unter Beteiligung von Papst Klemens VIII. (1592–1605) persönlich weitergeführt wurde. Es endete mit der Amtsenthebung der Ankläger, Bußen für Denunzianten und der Rehabilitation der Beschuldigten.

Sein in der Praxis erworbenes Fachwissen in Sachen Hexereiverfahren fixierte der Konsultor Monterenzi in einer wohl zwischen 1593 und 1603 verfaßten Verfahrensmaxime. Desiderio Scaglia (1568–1639), seit 1621 Kardinalinquisitor, überarbeitete diese erste, heute nicht mehr erhaltene Version und schuf damit eine Hexenprozeßinstruktion, deren Präambel ein ebenso nüchternes wie beeindruckendes Plädoyer für prozedurale Zurückhaltung darstellt: «Die Erfahrung, Lehrmeisterin der Dinge, zeigt deutlich, daß täglich bei der Führung von Prozessen gegen Hexen [...] sehr schlimme Fehler begangen werden, zum höchsten Schaden sowohl der Gerechtigkeit als auch der angeklagten Frauen, so daß [...] kaum jemals ein Prozeß richtig und rechtmäßig ablief, sondern daß es meistens notwendig war, zahlreiche Richter zu tadeln wegen ungebührlicher Quälereien, Nachforschungen und Verhaftungen sowie verschiedener schlechter und unerträglicher Methoden bei der Anlage der Prozesse, der Befragung der Angeklagten, exzessiven Folterungen, so daß bisweilen ungerechte und unangemessene Urteile gefällt

Inquisition und Hexenverfolgung

wurden, sogar bis zur Todesstrafe und der Überlassung an den weltlichen Arm.»

1624 zum ersten Mal erwähnt, zirkulierte die Instruktion jahrzehntelang als interne Anweisung, bevor sie 1657 offiziell gedruckt wurde. Gegen die Leichtfertigkeit und Leichtgläubigkeit vieler Richter, die aufgrund schwacher Indizien starke Urteile fällten, bestand die Richtlinie auf einem korrekten Verfahren: Denunziationen von Mitangeklagten («Besagungen») wurden prinzipiell für unzulässig erklärt, die Ermittlung des *Corpus delicti* eingefordert, ebenso die Einholung von medizinischen Gutachten über die – natürlichen oder zauberischen – Ursachen eines Todesfalls. Festgeklopft wurde überdies der Anspruch von Angeklagten auf eine faire Verteidigung und auf einen Rechtsbeistand, endlich auf angemessene Haftbedingungen. Es war kein grundlegender Unglauben gegenüber der Möglichkeit von Hexerei, der hier formuliert wurde, sondern eine pragmatisch motivierte Skepsis gegenüber einem unrechtmäßigen und übereilten Verfahren, das Unschuldige bedrohte. Prozesse wegen abergläubischer Ausübung von Magie und auch wegen Zauberei waren weiterhin denkbar und kamen auch vor. Bis ins 18. Jahrhundert hinein finden sich einzelne Verfahren gegen Geisterbeschwörer, Zauberer, Hostienfrevler und Schatzgräber vor den Tribunalen der römischen Inquisition. Aber Hexenprozesse in dem Sinn, wie sie nördlich der Alpen massenhaft geführt wurden, hören im ersten Drittel des 17. Jahrhunderts im Machtbereich der römischen Inquisition völlig auf. Auf der Grundlage der Instruktion intervenierte das Heilige Offizium überdies in nordeuropäischen Hexereiverfahren und rettete zumindest in Einzelfällen Angeklagte vor dem sicheren Tod auf dem Scheiterhaufen. Obwohl sie zu den Geburtshelfern der Hexereivorstellung gehört hatte, so zeigt dies Beispiel eindrücklich, zählte die Inquisition im Zeitalter der Massenverfolgungen eher zu den Bremsern.

VII. Mythos Inquisition

Die Geschichte der Inquisition erscheint als ein Mythos, der für die Geburt des Abendlandes aus dem Geist von Zwang und Gewalt steht. So erfolgreich die Inquisition zeitweilig wirkte, so haben doch vor allem ihre Gegner ihr historisches Bild bestimmt. Zeit ihrer Existenz sah sich die Inquisition Widerstand und fundamentalem Widerspruch von verschiedensten Seiten ausgesetzt. Schon im Mittelalter sind wir auf Protest gegen vermeintlich rechtswidrige Übergriffe der Ketzerverfolger, auf Einsprüche der konkurrierenden weltlichen und kirchlichen Gewalten, auf ermordete Inquisitoren und verbrannte Akten gestoßen, die diesen Tatbestand zur Genüge belegen. Dieser Gegenwind wurzelt in strukturellen Eigenheiten kirchlicher Ketzerverfolgung: Das innovative Verfahren kollidierte mit dem traditionellen Rechtsempfinden vieler Menschen; die Sondergerichtsbarkeit der päpstlichen Legaten provozierte den Widerstand anderer Gerichtsinstanzen und ihrer Klientel; die Geheimhaltung des Verfahrens verstärkte den Ruch von Willkür und Korruption. Schließlich verkörperte die Inquisition mancherorts nicht nur eine neue, sondern auch eine fremde Institution; im Languedoc etwa stand sie für die Fremdherrschaft des Nordens über den vormals autonomen Süden. Bereits die mittelalterliche Inquisition besaß mithin das Potential, Gegenstand eines negativen Mythos zu werden. Nirgends zeigt sich das so deutlich wie in den Äußerungen des Franziskaners Bernard Délicieux, der 1303 in einer mitreißenden Rede vor dem französischen König proklamierte, das gesamte Langedoc sei beinahe völlig frei von Ketzerei, während die Inquisition stets neue Anschuldigungen erfinde. Selbst die heiligen Apostel Peter und Paul könnten, kehrten sie auf die Erde zurück, einer Ketzeranklage nicht entgehen – ein bemerkenswerter, früher Anklang an Dostojewski (vgl. Kap. III.2)!

Im Mittelalter fehlten aber offenbar einige entscheidende Elemente für die Entstehung eines Inquisitionsmythos. Zum einen mangelte es an mehrheitsfähigen Gruppen, die als dauerhafte Träger eines solchen Mythos taugten. Mehr als eine zeitweilige regionale Dominanz entwickelte keine der mittelalterlichen Ketzergruppen, bevor sie entweder der entschlossenen Repression oder den eigenen Widersprüchen zum Opfer fielen. Umgekehrt blieb das Papsttum als Träger der Inquisition Leitbild der rechtgläubigen christlichen Mehrheitsgesellschaft. Schließlich fehlte es auch an Kommunikationsmedien zur Verbreitung eines negativen Mythos. Die ihrem Anspruch nach universale päpstliche Inquisition des Mittelalters stieß zwar vielfach auf regionalen Widerstand; aber die Opponenten waren nicht in der Lage, ein universales Feindbild hervorzubringen und zu verbreiten.

Im 16. Jahrhundert änderten sich die Kräfteverhältnisse grundlegend. Während sich die Inquisitionen regionalisierten und so mit einzelnen Herrschern, politischen Systemen oder auch Ethnien identifiziert werden konnten, universalisierte sich in Gestalt des Protestantismus die Häresie. Diese Konstellation sollte bald, paradox genug, ein universales Inquisitions-Stereotyp hervorbringen. Eine Vorbedingung dafür war der Eintritt ins Gutenberg-Universum: Der Druck von Büchern und Flugblättern beförderte den Austausch von Wissen, aber auch von Propaganda, und er schuf eine überregionale Öffentlichkeit. Zweitens führte der Konfessionskonflikt zu einer dauerhaften inneren Spaltung des Christentums von bisher unbekannter Dimension. Entlang dieser Bruchlinie konnten sich neue Feindbilder und Stereotypen etablieren. Ein sehr wirkmächtiges Bild ist jene Schwarze Legende der spanischen Inquisition, die bis heute die Rezeption der Ketzerverfolgung geprägt hat. Es ist eine Ironie der Geschichte, daß davon eine Institution betroffen war, die ja gar nicht in erster Linie zum Kampf gegen den Protestantismus geschaffen worden war. Bezeichnend ist auch die Tatsache, daß die Spanische Inquisition mit ihren intensiven Verfolgungskampagnen gegen die *Conversos* in den ersten Jahrzehnten ihrer Existenz keineswegs jene europaweite Aufmerksamkeit auf sich zog, die sie später aufgrund der Verfolgung der – zahlenmäßig eher bescheidenen – spanischen Protestanten erregen sollte.

Die «Schwarze Legende»: Der Begriff *leyendra negra* wurde 1913 vom Publizisten Julián Juderías y Loyot (1877–1918) geprägt, der damit die negativen Stereotype über Spanien und die Spanier bezeichnete, die in Europa seit dem 16. Jh. in Umlauf waren: Tyrannische Herrschaft und Grausamkeit, religiöse Unduldsamkeit und wissenschaftliche Rückständigkeit paarten sich diesen Klischees zufolge mit landestypischer Faulheit und Dekadenz. Neben der Ermordung und Versklavung der Einwohner in der Neuen Welt, für die der Bericht über die Verwüstung der Westindischen Länder des Dominikaners Bartholomé de Las Casas Kronzeugenstatus erlangte, stellte die Inquisition das wohl wichtigste Exempel der Schwarzen Legende dar. Umgekehrt wäre der Inquisitionsmythos vielleicht nie derart aufgeblüht, wenn er sich nicht im Kontext des allgemeinen Spanienbildes entfaltet hätte. Unter Karl V. und vor allem unter Philipp II. war das habsburgische Spanien die unbestrittene, aber auch eben die ungeliebte europäische Vormacht, die – gestützt auf überseeisches Edelmetall – ihre Herrschaft in zahlreichen Regionen aufrichtete und ausbaute.

Da war zunächst Italien, wo der spanische bzw. aragonesische Einfluß bereits im 15. Jahrhundert spürbar war. Bereits König Ferdinand hatte das Königreich Sizilien und ab 1504 auch das Königreich Neapel beherrscht, dann kam unter Karl V. noch das Herzogtum von Mailand hinzu. Als Vormacht auf der Apenninenhalbinsel führten spanische Truppen lange Feldzüge sowohl gegen die Franzosen als auch gegen die italienischen Klein- und Mittelmächte. Der *Sacco di Roma*, die Verwüstung der Metropole durch marodierende habsburgische Soldaten im Jahr 1527, trug wesentlich zur kollektiven Traumatisierung und Zementierung der Vorurteile gegenüber der spanischen Fremdherrschaft bei. Bereits 1509/10 leisteten die neapolitanischen Untertanen König Ferdinands erfolgreichen Widerstand gegen die Etablierung der Spanischen Inquisition im Süden der Apenninhalbinsel, und auch 1547 kam es dort aufgrund des Ge-

rüchts, die Inquisition solle nach spanischem Vorbild neu geordnet werden, zu Unruhen.

Prominente Rollen bei der Entwicklung und Verbreitung der
Schwarzen Legende spielten Frankreich, der Hauptgegner der
Habsburger auf der italienischen Halbinsel, und natürlich England, das zwischen 1555 und 1558 die Erfahrung einer blutigen
Rekatholisierungspolitik machte und in der Folge in einen Dau-
erkonflikt mit Spanien geriet. Hauptbrutstätte der *leyendra
negra* aber waren die Niederlande und ihr Freiheitskampf gegen
die Habsburgische Herrschaft, der in Ländern wie England
und Deutschland mit Sympathien begleitet wurde. Hier wurde
die Inquisition spätestens seit 1566 zu einem negativ besetz-
ten Symbol für die spanische Fremdherrschaft schlechthin. Die
Zentralmacht hatte zur Bekämpfung der calvinistischen Häretiker einige Elemente der alten päpstlichen bzw. bischöflichen Inquisition reaktiviert. Trotz des traditionellen Charakters dieser
Inquisition und ihrer beschränkten Durchschlagskraft sahen
Provinzialstände und Städte ihre alten Rechte und den politischen Frieden bedroht. Die scharfen Ketzergesetze König Phil-
ipps II. und eine tiefgreifende Diözesanreform ließen eine gelegentliche und regional begrenzte Unzufriedenheit in einen lan-
desweiten Protest umschlagen. Bereits der im Januar 1566 von
einigen Hundert Noblen unterschriebene sogenannte Adels-
kompromiß wandte sich explizit gegen die Inquisition. Diese sei
gegen alle göttliche und weltliche Ordnung, beleidige den gött-
lichen Namen und bedeute den Ruin der Niederlande. Alles alte
Herkommen, alle Privilegien, alle Freiheiten würden zerstört,
die Bewohner dieses Landes auf immer zu Sklaven der nichts-
würdigen Inquisitoren. Damit war ein Grundton angeschlagen,
der in den folgenden Jahren häufig variiert werden sollte. Das
Schreckensregiment des spanischen Statthalters, des Herzogs
von Alba, ab 1567, dessen Sondergericht («Blutrat») den Besitz
von 9000 Personen konfiszierte und ca. 1100 Todesurteile voll-
strecken ließ, heizte die antispanische Stimmung weiter an und
damit auch die Anklagen gegen die Spanische Inquisition, obwohl sie mit den Hochverratsprozessen nichts zu tun hatte.
Bald kursierte ein angebliches Dekret der Spanischen Inquisi-

Mythos Inquisition

tion, datiert auf den 16. Februar 1568 und bestätigt von König Philipp II., in dem die gesamte Bevölkerung der Niederlande mit wenigen Ausnahmen wegen Hochverrates aller Rechte an Leben und Besitz für verlustig erklärt wurde – erst im letzten Jahrhundert wurde es als eine propagandistische Fälschung entlarvt. So verwundert es nicht, wenn es im Kriegszielkatalog von Wilhelm von Oranien, dem Führer der niederländischen Freiheitsbewegung, 1572 knapp heißen sollte: «Der Name der Inquisition soll für immer ausgelöscht werden.»

Zum Schlüsseltext für die Geschichte des Inquisitionsmythos wurde die 1567 unter dem Pseudonym Reginaldus Gonzalvus Montanus in Heidelberg publizierte Schrift über die *Heimlichkeiten der tyrannischen Spanischen Inquisition*. Wahrscheinlich von zwei protestantischen Religionsflüchtlingen spanischer Herkunft verfaßt, wurde das lateinische Werk binnen Jahresfrist ins Englische, Französische, Niederländische und Deutsche übersetzt und in den folgenden zwei Jahrhunderten eifrig exzerpiert und wiederaufgelegt. Vordergründig als Tatsachenbericht über den Ablauf von Inquisitionsverfahren von der Verhaftung bis zum Autodafé angelegt, bildete die Schrift zugleich eine Anklage gegen eine totalitäre Institution, die aus der Geheimhaltung ihre Macht schöpft. Zudem werden Redlichkeit und Heroismus der protestantischen Opfer gerühmt. Andere Textgattungen nahmen diese Vorgaben auf und entwickelten sie weiter. So figurierten die Inquisitionsopfer in den populären protestantischen Martyrologien des 16. Jahrhunderts von Matthias Flacius Illyricus oder John Foxe an prominenter Stelle. Später stellten Reise- und Augenzeugenberichte über die Aktivitäten der Inquisition eine Hauptquelle zur Verbreitung der Schwarzen Legende dar. Werke wie die *Relation de l'inquisition de Goa* des Franzosen Charles Dellon (1687/88) erfuhren weite Verbreitung und dienten noch Montesquieu und Voltaire als Informationsquelle.

Die Schwarze Legende steht mithin an der Wiege des modernen Inquisitionsmythos. Bis zu seiner vollen Blüte war es noch ein weiter Weg. Es bedurfte einer Übertragung bzw. Transformation auf die päpstlich-römische Inquisition und zugleich einer Erweiterung bzw. Akzentverlagerung auf das Mittelalter.

126   *Mythos Inquisition*

Ansatzpunkte barg allerdings schon die Debatte des 16. Jahrhunderts. Protestantische Kampfschriften ließen sich die Chance nicht nehmen, den Papst als Quelle der Legitimation für die Spanische Inquisition in den Mittelpunkt zu rücken. Die neuerliche Aufrichtung einer römischen Inquisition bot hier einen willkommenen Anknüpfungspunkt, um die jeweiligen «Ketzerverfolgungen» in Europa nur als Ausfluß einer von der Kurie gelenkten Kampagne zu verstehen. Und mit der eigenen Traditionsbildung, die die mittelalterlichen Häretiker, etwa Wycliff, Hus oder die Waldenser, als Vorläufer der protestantischen Bewegung verstand, rückte zugleich auch die Inquisition als Verfolgungsinstanz in den Blickpunkt.

Aufklärung – Kunst – Historiographie: Im Zeitalter der Aufklärung wurde die Inquisition für Philosophen wie Pierre Bayle (1647–1706), Montesquieu (1689–1755) oder Voltaire (1694–1778) zum Synonym für religiöse Unterdrückung schlechthin. Seit dem 18. Jahrhundert nahmen sich zudem Kunst und Literatur des Themas an. Die Inquisition wird in Gemälden und Stichen illustriert; die Skizzen des spanischen Hofmalers Goya (1746–1828) sind eine subtile Anklage der Autodafés. Zahlreiche pittoreske Romane, romantische Novellen *(gothic novels)* und satirische Beschreibungen behandeln die Inquisition. Einige herausragende Werke prägen noch heute die kollektive Erinnerung. Der alte Großinquisitor in Schillers *Don Carlos. Infant von Spanien* verkörpert prototypisch Mitleidlosigkeit, religiöse Intoleranz und Machtstreben, ebenso die Titelgestalt der 1881 von Fjodor Dostojewski (1821–1881) veröffentlichten Novelle *Der Großinquisitor*. Diese Figur bildet den archetypischen Gegensatz zur Sanftmut und zur Mitmenschlichkeit des auf die Erde zurückgekehrten Jesus, der von der Inquisition eingekerkert und dessen Lehre verworfen wird. Die Inquisition nicht als Verteidigerin, sondern als Antipodin des Christentums – bis heute ein starkes Motiv!

Auch historiographische Bemühungen begleiteten die Inquisition seit dem 16. Jahrhundert. Neben Kritikern wie dem venezianischen Servitenmönch Paolo Sarpi (1552–1623) mit seinem

Werk *Sopra l'officio dell'inquisizione* (1613) kamen auch Apologeten wie der sizilianische Inquisitor Ludovicus de Pàramo zu Wort, der in seiner Geschichte der Ketzerverfolgung (1598) Gott selbst als den ersten Inquisitor vorstellt, der Adam nach dem Sündenfall aus dem Paradies verwies. Die erste wirkliche Inquisitionsgeschichte stammte aus der Feder des Niederländers Philipp van Limborch (1633–1712). Seine *Historia Inquisitionis* von 1692 war epochenübergreifend angelegt und basierte auf einer Vielzahl unterschiedlichster Quellen, so etwa auf dem Urteilsbuch Bernard Guis aus dem 14. Jahrhundert. Getragen ist das Werk des freisinnigen Theologieprofessors von einem kritischen Grundtenor; als einer der ersten beurteilte er z. B. auch die Maßnahmen der Spanischen Inquisition gegen die Juden negativ.

Zum ersten Historiker der Spanischen Inquisition wurde mit Juan Antonio Llorente (1756–1823) ein intimer Kenner dieser Einrichtung, der bereits in den 1780er Jahren Generalsekretär der *Suprema* gewesen war und zwischen 1808 und 1814 die Archive der von Joseph Bonaparte abgeschafften Inquisition verwaltet hatte. Nach der Restauration der Bourbonenherrschaft veröffentlichte er im französischen Exil 1817/18 seine *Kritische Geschichte der Spanischen Inquisition*. Auf umfassendem Aktenstudium beruhend, blieb sein Orientierungspunkt aber dennoch die Schwarze Legende; schließlich wollte das Buch als ein Plädoyer für grundlegende Reformen im rückständigen Spanien gelesen werden. Nur zögernd konnten sich die neuen Standards historisch-kritischer Geschichtswissenschaft des 19. Jahrhunderts auf dem Feld der Inquisitionsgeschichte durchsetzen. Ein neues Kapitel der Historiographie wurde erst mit dem Werk des Verlegers Henry Charles Lea (1825–1909) aufgeschlagen. Dieser Autodidakt publizierte, gestützt auf eine beeindruckende Privatbibliothek und ein verzweigtes Netz von Korrespondenzpartnern in Europa, 1887 seine dreibändige *Geschichte der Inquisition im Mittelalter*. 1906/07 folgte in vier Bänden die *Geschichte der Spanischen Inquisition* – trotz vielerlei Fehler bis heute unübertroffene Standardwerke. In seinem Gefolge hat die neuere Historiographie viele Elemente des gängigen Inquisitions-Mythos in Frage gestellt.

Literaturhinweise

Bethencourt, Francisco: L' Inquisition à l'époque moderne: Espagne, Portugal, Italie XVe–XIXe siècle, Paris 1995

Decker, Rainer: Die Päpste und die Hexen. Aus den geheimen Akten der Inquisition, Darmstadt 2003

Edwards, John: Die Spanische Inquisition, Düsseldorf 2003

Esders, Stefan/Thomas Scharff (Hg.): Eid und Wahrheitssuche: Studien zu rechtlichen Befragungstechniken in Mittelalter und früher Neuzeit, Frankfurt a. M. 1999

Friedlander, Alan: The Hammer of the Inquisitors. Brother Bernard Délicieux and the Struggle against the Inquisition in Fourteenth-Century France, Leiden 2000

Given, James: Inquisition and Medieval Society. Power, Discipline and Resistance in Languedoc, Ithaca, N. Y. 1997

Godman, Peter: Die geheime Inquisition. Aus den verbotenen Archiven des Vatikan, München 2002

Hanssler, Michael: Katharismus in Südfrankreich. Struktur der Sekte und inquisitorische Verfolgung in der zweiten Hälfte des 13. Jahrhunderts, Aachen 1997

Hergemöller, Bernd-Ulrich: Krötenkuß und schwarzer Kater. Ketzerei, Götzendienst und Unzucht in der inquisitorischen Phantasie des 13. Jahrhunderts, Warendorf 1996

Hroch, Miroslav/Anna Skybová: Die Inquisition im Zeitalter der Gegenreformation, Stuttgart 1985

Kamen, Henry: The Spanish Inquisition – An Historical Revision, New Haven/London 1997

Lambert, Malcolm: Häresie im Mittelalter. Von den Katharern bis zu den Hussiten, Darmstadt 2001

Monter, William: Frontiers of Heresy. The Spanish Inquisition from the Basque Lands to Sicily, Cambridge 1990

Oberste, Jörg: Der Kreuzzug gegen die Albingenser. Ketzerei und Machtpolitik im Mittelalter, Darmstadt 2003

Peters, Edward: Inquisition, Berkeley 1989

Segl, Peter (Hg.): Die Anfänge der Inquisition im Mittelalter, Köln 1993

Tedeschi, John A.: The Prosecution of Heresy: Collected Studies on the Inquisition in Early Modern Italy, Binghamton, NY 1991

Wolf, Hubert (Hg.): Inquisition, Index, Zensur. Wissenskulturen der Neuzeit im Widerstreit, Paderborn 2001

Der wissenschaftliche Apparat zum Buch und eine erweiterte Bibliographie finden sich online unter www.gerd-schwerhoff.de.